新教材　新阅读
中学语文课外阅读基本篇目

年级　下册

本书编选组

忽然洞开的窗子

南京师范大学出版社
NANJING NORMAL UNIVERSITY PRESS

图书在版编目(CIP)数据

忽然洞开的窗子. 七年级. 下册 /《忽然洞开的窗子》编选组组编. —南京：南京师范大学出版社，2019.4(2020.12重印)

(中学语文课外阅读基本篇目)

ISBN 978-7-5651-3750-1

Ⅰ.①忽… Ⅱ.①忽… Ⅲ.①阅读课—初中—课外读物 Ⅳ.①G634.333

中国版本图书馆 CIP 数据核字(2018)第 115136 号

书　　名	忽然洞开的窗子(七年级下册)
丛 书 名	中学语文课外阅读基本篇目
组　　编	本书编选组
责任编辑	许晓婷　刘自然
出版发行	南京师范大学出版社
地　　址	江苏省南京市玄武区后宰门西村 9 号(邮编:210016)
电　　话	(025)83598919(总编办)　83598412(营销部)　83598297(邮购部)
网　　址	http://press.njnu.edu.cn
电子信箱	nspzbb@163.com
照　　排	南京理工大学资产经营有限公司
印　　刷	南京丁香花印刷有限公司
开　　本	787 毫米×960 毫米　1/16
印　　张	13.75
字　　数	211 千
版　　次	2019 年 4 月第 1 版　2020 年 12 月第 3 次印刷
书　　号	ISBN 978-7-5651-3750-1
定　　价	29.80 元

出 版 人　张志刚

南京师大版图书若有印装问题请与销售商调换

版权所有　侵犯必究

"中学语文课外阅读基本篇目"丛书编委会

总 主 编：王国强
副总主编：彭志斌
编委会成员：（以姓氏笔画为序）

　　　　　　王　芳　朱佳伟　刘自然　许晓婷　张小兵
　　　　　　张克中　张岳全　林荣芹　周正梅　段承校
　　　　　　姜爱萍　洪　亮　袁　源　徐　飞　徐　溪
　　　　　　徐志伟　梁国祥　管　炜　滕之先

初中分册执行主编：段承校　张克中
本 册 主 编：徐　溪
本册编写人员：段承校　朱佳伟　徐　溪　王　芳
　　　　　　　滕之先　周正梅　袁　源

助你成为好读者
（前　言）

亲爱的少年朋友：

你好！

当你拿到这个读本时，心里一定在想，这是一本怎样的读物？它与其他读本有什么不同？

确实不同！最重要的是，作为编者，我们有一个共同的愿望，就是助你成为好读者。

说到好读者，就得先说好阅读。什么是好阅读呢？好阅读应该是：当你翻开一本书，或者展开一篇诗文的时候，心里满满的不是焦虑或倦怠，而是好奇或欢喜；你不是为了某个题目在文（书）中苦苦寻找答案，而是因为喜欢和欣赏才专心致志，手不释卷；你不愿旁观地对文（书）中的人和事指指点点，评头论足，而是读着读着嘴角就挂上了微笑，或者眼里闪出了泪光；你不会在意别人读后怎么说，而是在乎读后有没有自己的想法；你不复千篇一律地从头读到尾，而是以巧妙的方法读到了文本的精要；你不再根据要求机械地品析词句，而是对文中的语言萌生了由衷的赞叹；你不满足于会读一篇，而是乐意从一篇到多篇到一类到更多的无限延长……最关键的，你再不会盲目地夸耀自己读了多大的数量，而是深深懂得了阅读的价值，懂得在阅读中一砖一瓦、一草一木地搭建自己的精神家园，更懂得在前行的路上，无论遇到什么，都会在阅读里寻求力量。这就是真正的好阅读了。当你明白这些，并努力追求这样的阅读境界时,你就是个好读者!

那么,我们能为你的追求做点什么呢?首先,我们为你推荐。我们想着你的需要和爱好,想着你在学校正上着的语文课,就从众多读物里为你精心挑选,不只是一篇篇好诗文,更是文后的一本本好书。我们想为你的阅读打开一扇扇窗,让你看到更美的远方。其次,我们与你攀谈。在你读完一篇后,你会看到两个问题,这就是我们在跟你对话,在跟你分享阅读的快乐。这些问题没有答案,只是为了让你多想一想。当你顺着问题想一想时,你定然会会心地笑起来了,你会觉得阅读真的很好玩,你更会发现自己原来好聪明。这就是我们为你做的,真心希望你喜欢。

当然,你完全可以有自己的办法阅读这个读本。比如,你在读完一篇文章后,完全可以不理睬"导读"的问题,而是与同伴交流讨论阅读的心得,或者自己默默写点批注、笔记,甚至自己提几个更有难度的问题;也完全可以根据自己的喜好选择是否找文后"荐读"的那本书来读,读一本、十本、四五十本,都随你。但是,你一定要读,因为只有你读了,纯粹地读了,坚持地读了,你才能拥有阅读的良方,你才能在阅读里获得启蒙与成长,你的世界才会真正被智慧照亮。

请相信我们,因为,我们爱你!

衷心祝愿你成为真正的好读者!

编选组

2018 年 10 月

目 录

**第一单元
忽然洞开
的窗子**

3 / 乱世中的美神(节选)   梁 衡

6 / 那一晚忽然洞开的窗子   肖复兴

9 / 滑铁卢的一分钟(节选)   茨威格

13 / 回忆鲁迅先生(节选)   萧 红

17 / 办平民学校,以造就"新民"(节选)   《先生》编写组

22 / 我们当海盗吧(节选)   沃尔特·艾萨克森

26 / 一粒改变世界的种子   陈启文

30 /《指南录》后序(节选)   文天祥

**第二单元
黄河与扬
子江对话**

35 / 余光中诗选   余光中

39 / 小胜儿   孙 犁

47 / 西湖   巴 金

51 / 黄河与扬子江对话   郭沫若

56 / 海对面的"心之故乡"   唐 晋

60 / 牛素云之死   林语堂

67 / 汉家寨   张承志

71 / 爱国古诗选

◎ 九歌·国殇   屈 原

◎ 白马篇   曹 植

◎ 宝刀歌   秋 瑾

第三单元
她一直在老地方

77 / 骆驼祥子（节选）   老 舍

81 / 差不多先生传   胡 适

84 / 一阵风   冯骥才

88 / 母亲们   吴念真

91 / 她一直在老地方   刘 同

99 / 小连   杨 葵

102 / 两个故事（节选）   艾特玛托夫

108 / 马伶传   侯方域

第四单元
精神明亮的人

113 / 叶圣陶   张中行

119 / 我想听你把话说完   黄雅芸

122 / 向儿童学习   王开岭

127 / 平凡的世界   路 遥

131 / 像自由一样美丽（二则）   林 达

137 / 追风筝的人（节选）   卡勒德·胡赛尼

143 / 示弟立志说（节选）   王守仁

145 / 雪鸿轩尺牍（二则）   龚 萼

第五单元
物 语

149 / 水仙辞   宗 璞

153 / 红石榴   王鼎钧

156 / 枸杞树   季美林

160 / 物语   丰子恺

167 / 一片叶子落下来   利奥·巴斯卡利亚

172 / 小种子传播的大学问　　　　　芮东莉

177 / 野百合也有春天　　　　　　　罗大佑

180 / 凌霄(外一篇)　　　　　　　　李　渔

第六单元
太平洋下四千里

185 / 壮哉,彭加木　　　　　　　　高洪雷

189 / 荒岛求生　　　　　　　　　　丹尼尔·笛福

192 / 太平洋下四千里　　　　　　　儒勒·凡尔纳

195 / 失踪的哥哥　　　　　　　　　叶至善

199 / 三兄弟的传说　　　　　　　　J.K.罗琳

202 / 少年Pi的奇幻漂流(节选)　　　扬·马特尔

205 / 橄榄树　　　　　　　　　　　三　毛

207 / 湘江遇盗日记　　　　　　　　徐弘祖

第一单元　忽然洞开的窗子

乱世中的美神(节选)[①]

梁 衡

/导读/ 李清照,盛世的才女,亦是乱世中的美神。

李清照遇到的第三大磨难是,超越时空的孤单。

感情生活的痛苦和对国家民族的忧心,已将她推入深深的苦海,她像一叶孤舟在风波中无助地飘摇。但如果只是这两点,还不算最伤最痛、最孤最寒。本来生活中婚变情离者,时时难免;忠臣遭弃,也是代代不绝,更何况她一柔弱女子又生于乱世呢?问题在于她除了遭遇国难、情愁,就连想实现一个普通人的价值,竟也是这样的难。已渐入暮年的李清照没有孩子,守着一孤清的小院子,身边没有一个亲人,国事已难问,家事怕再提,只有秋风扫着黄叶在门前盘旋,偶尔有一两个旧友来访。她有一孙姓朋友,其小女10岁,极为聪颖。一日孩子来玩时,李清照对她说,你该学点东西,我老了,愿将平生所学相授,不想这孩子脱口说道:"才藻非女子事也。"

李清照不由得倒抽一口凉气,她觉得一阵晕眩,手扶门框,才使自己勉强没有摔倒。童言无忌,原来在这个社会上有才有情的女子是真正多余啊!而她却一直还奢想什么关心国事、著书立说、传道授业。她收集的文物汗牛充栋,她学富五车,词动京华,到头来却落得个报国无门,情无所托,学无所传,别人看她如同怪物。

李清照感到她像是落在四面不着边际的深渊里,一种可怕的孤单向她袭来,这个世界上没有一个人能读懂她的心。她像祥林嫂一样茫然地

[①]选自《把栏杆拍遍》,东方出版中心2004年版。梁衡,1946年生,著名学者、新闻理论家、作家。作品有《没有新闻的角落》《跨越百年的美丽》等。

行走在杭州深秋的落叶黄花中，吟出这首浓缩了她一生和全身心痛楚的，也确立了她在中国文学史上地位的《声声慢》：

> 寻寻觅觅，冷冷清清，凄凄惨惨戚戚。乍暖还寒时候，最难将息。三杯两盏淡酒，怎敌它、晚来风急。雁过也，正伤心，却是旧时相识。
>
> 满地黄花堆积，憔悴损，如今有谁堪摘。守着窗儿，独自怎生得黑。梧桐更兼细雨，到黄昏，点点滴滴。这次第，怎一个愁字了得！

是的，她的国愁、家愁、情愁，还有学术之愁，怎一个愁字了得！

李清照所寻寻觅觅的是什么呢？从她的身世和诗词文章中，我们至少可以看出，她在寻找三样东西。

一是国家民族的出路。她不愿看到山河破碎，不愿"飘零遂与流人伍""欲将血泪寄山河"。在这点上她与同时代的岳飞、陆游及稍后的辛弃疾是相通的。但身为女人，她既不能像岳飞那样驰骋疆场，也不能像辛弃疾那样上朝议事，甚至不能像陆、辛那样有政界、文坛朋友可以痛痛快快地使酒骂座，痛拍栏杆。她甚至没有机会和他们交往，只能独自一人愁。

二是寻觅幸福的爱情。她曾有过美满的家庭，有过幸福的爱情，但转瞬就破碎了。她也做过再寻真爱的梦，但又碎得更惨，乃至身负枷锁，银铛入狱。还被以"不终晚节"载入史书，生前身后受此奇辱。她能说什么呢？也只有独自一人愁。

三是寻找自身的价值。她以非凡才华和勤奋，又借着爱情的力量，在学术上完成了《金石录》巨著，在词艺上达到了空前的高度。但是，那个社会不以为奇，不以为功，连那10岁的小女孩都说"才藻非女子事"。甚至后来陆游为这个孙姓女子写墓志时都认为这话说得好。以陆游这样热血的爱国诗人，也认为"才藻非女子事"，李清照还有什么话可说呢？她只好一人咀嚼自己的凄凉，又是只有一个愁。

/ 思考 /

1. 作者说"超越时空的孤单"是李清照的"第三大磨难",你是如何理解"超越时空的孤单"的?你知道李清照的另两大苦难是什么吗?借阅《乱世中的美神》,相信读完全文后,你会对李清照有新的认识。

2. 作者引用了诸多诗人的诗词及文论点评李清照,请模仿这样的形式,摘录李清照的诗词,并选择一两句进行点评。

/ 荐读 /

《把栏杆拍遍》收录了著名散文家梁衡先生五十余篇散文。作者以深厚的艺术修养和独特的理性分析,为历史人物立碑作传。如以武起事,而最终以文为业的辛弃疾;以文为政又因政事之败而反观人生的瞿秋白;大无大有的周恩来;跨越百年美丽的居里夫人……读这本书,你不仅能再次亲近这些历史人物,更能收获一种别样的阅读快乐,那就是在已成定论的历史人物身上,读到梁衡别出心裁的评价。

书　　名:把栏杆拍遍
作　　者:梁衡
出版信息:东方出版中心
2004年版

那一晚忽然洞开的窗子[①]

肖复兴

/导读/ 忽然洞开的窗子，
为你，漫天星光灿烂。

我一直认为音乐与其他艺术形式不一样，音乐更靠的是一种心灵上的启示，冥冥中神的一种启示。当然，我指的是古典的音乐，不是那种模仿式的、充满噪音的、拙劣的所谓现代派音乐。古典 classic 一词，最早源于古罗马的拉丁语，classicus 的意思，就包含着和谐、高雅、典范、持久的意义。而能保证这些意义存在而不褪色的，人为的力量达不到的，只能求助于神。

音乐，从某种程度上说，是充满神秘感的。心灵和神，是音乐飞翔的两翼。

罗曼·罗兰说："个人的感受，内心的体验，除了心灵和音乐之外再不需要什么。"德国哲学家莱布尼茨说："音乐是心灵的算数练习，心灵在听音乐时计算着自己的不知。"我想说的都是这个道理，或是神作用于心灵，或是心灵参谒于神，真正美好的音乐才能诞生。而且，我坚信别的艺术可以后天培养，大器晚成；音乐只能从童年时起步，错过童年，音乐便不会再次降临驻足。因为只有童年的心灵最纯洁而未受到污染，便也最易于得到神的启示和帮助。成年人的心，已经板结成水泥地板，神的雨露便难以渗透进去。

童年的巴赫（J. Bach 1685—1750），便是这样得到神的启示和帮助，否则他日后就不会成为那么伟大的音乐家，起码我是这样认为。

在音乐史上没有这样的记载，但在巴赫的传记中确有这样一段生动的描述。童年的巴赫，家境贫寒，但酷爱音乐。只要汉堡有音乐会，他必要参加，虽身无分文，步行也要去。他的家距离汉堡有 30 公里，往返 60

[①] 选自《音乐笔记》，学林出版社 2000 年版。肖复兴，1947 年生，中国现代作家，作品有《音乐笔记》《忆秦娥》等。

公里,对于一个孩子来说,实在是够累的了。一次,在汉堡听完音乐会,他还想继续听明天下一场的音乐会,可是他没有一文钱,心里非常地懊恼,只好无奈地踏上归途,30公里的路一下子变得漫长起来。走到半路,天就黑了下来,他又没钱住店,连饿带困,只好小猫一样蜷缩在一家旅店屋檐下的草地上,捱过这一个没有音乐的寂寞之夜。沉睡到夜半时分,一股扑鼻的香味萦绕身旁,竟撩拨得他突然醒来。就在他刚刚醒来的一刹那,头顶上的窗子"砰"的一声忽然打开,紧接着从窗口落下一包东西,正落在他的身旁。他打开包一看,是一个喷香的鲱鱼头,鱼头里还藏着钱!

是谁赐予了他今晚的晚餐? 又是谁给予了他能够返回汉堡听音乐会的费用?

童年的巴赫感到莫名的兴奋,也感到格外的奇怪,他抬起头望望窗子,窗子已经关上了,只有头顶的夜空繁星怒放。

他认为这肯定是上帝赐予他的恩惠,他立刻跪在草地上,对着漠漠的夜空,向上帝祷告膜拜。他相信万能的上帝一定就藏在闪烁的星光中。

音乐史中并没有这样的记载,大概认为这只是传说而已,不足为凭。但我确实宁愿信其有,不愿信其无。即使是传说,也表明着巴赫和人们对于神灵与音乐相通的感情与向往。

我不知道那扇神秘的窗子里住的究竟是什么人? 为什么要给巴赫以默默的帮助? 巴赫那时还只是师出无名的孩子呀! 莫非他或她或他们早已猜到巴赫将来的命运? 那么为什么只给巴赫一个可怜的鲱鱼头? 为什么不给巴赫更美好一点的晚餐? 或者干脆把巴赫请进屋来,给他一盏更加温暖的灯火? ……

我猜不出来。但我想如果那样的话,也就没有了神秘的感觉,可能也就没有了以后的巴赫。

对于孩子,对于艺术,是需要一些神秘的感觉的。过于实际和实在了,世俗的气味浓厚了,不仅会磨蚀掉孩子的想象力,更会锈蚀掉孩子天籁般的心灵。与世俗近了,与艺术就远了。

幸亏那扇窗子没有再打开。

那一晚,巴赫又返回汉堡,继续听他的音乐会。应该说在这之前,巴赫就已经迷恋上了音乐,但我以为就是从这个夜晚开始,巴赫才真正走进了音乐。

再听巴赫的音乐,比如他的《勃兰登堡协奏曲》《马太受难曲》,我总能听到那种巴赫独特的庄严、典雅、深邃,巴赫自己的那种内省、含蓄、柔美。我总好像看到那一晚忽然洞开的窗子和漫天的星光灿烂。

当然,还能依稀闻到那鲱鱼头的香味。

/ 思考 /

1. 作者聆听巴赫音乐感受到了庄严、典雅和深邃,这与他依稀闻到的"鲱鱼头的香味"是否矛盾?

2. 是谁给予了巴赫那晚的晚餐以及返回汉堡听音乐会的费用?请你发挥想象,把这个传说背后的"上帝"写出来。

/ 荐读 /

这本书像一座音乐厅,因为在这里可以欣赏到巴赫、肖邦、贝多芬等无数音乐巨匠的伟大作品,以及大提琴、小提琴、单簧管、双簧管等不同乐器的鸣奏;这本书也像一篇游记,你可以在维也纳,在波西米亚森林,在斯美塔那大街,甚至在中国的太庙,聆听乐音里音乐家们的故事;这本书也像一本日记,你可以像作者一样,听听演唱会或音乐卡带,感受流行音乐的魅力。这本书就是肖复兴先生的《音乐笔记》。你可以边读,边听,边怀想。

书　　名:音乐笔记
作　　者:肖复兴
出版信息:学林出版社 2000 年版

滑铁卢的一分钟[①]（节选）

茨威格

/导读/ 决定拿破仑命运的，不是滑铁卢，而是滑铁卢的一分钟。

现在，拿破仑准备第二次猛击，即向威灵顿的部队进攻。他不允许自己喘息，也不允许对方喘息，因为每拖延一天，就意味着给对方增添力量。而胜利的捷报将会像烈性白酒一样，使自己身后的祖国和流尽了鲜血、不安的法国民众如醉若狂。十七日，拿破仑率领全军到达嘎德—布拉高地前，威灵顿——头脑冷静、意志坚强的对手已在高地上筑好工事，严阵以待。而拿破仑的一切部署也是空前的细致周到。他的军令也是空前的清楚明白。他不仅反复斟酌进攻的方案，而且也充分估计到自己面临的各种危险，即布吕歇尔的军队仅仅是被击溃，而并未被消灭。达支军队随时可能与威灵顿的军队会合。为了防止这种可能性，他抽调出一部分部队去跟踪追击普鲁士军队，以阻止他们与英军会合。

他把这支追击部队的指挥权交给了格鲁希元帅。格鲁希，一个气度中庸的男子，老实可靠，兢兢业业。当他任骑兵队长时，常常被证明是称职的。然而他也仅仅是一位骑兵队长而已。他既没有缪拉那样的胆识魄力，也没有圣西尔和贝尔蒂埃那样的足智多谋，更缺乏内伊那样的英雄气概。关于他，没有神话般的传说，也没有谁把他描绘成威风凛凛的勇士。在拿破仑的英雄传奇中，他没有显著的业绩使自己赢得荣誉和地位。使他闻名于世的，仅仅是他的不幸和厄运。他从戎二十年，参加过从西班牙

[①]选自《人类的群星闪耀时——十四篇历史特写》，舒昌善译，生活·读书·新知三联书店 2015 年版。斯蒂芬·茨威格（1881—1942），奥地利小说家、诗人、剧作家、传记作家。作品有《一个陌生女人的来信》《昨日的世界》等。

到俄国、从尼德兰到意大利的各种战役。他是缓慢地、一级一级地升到元帅的军衔。不能说他没有成绩,但却无特殊的贡献。是奥地利人的子弹、埃及的烈日、阿拉伯人的匕首、俄国的严寒,使他的前任相继丧命——德塞在马伦哥,克莱贝尔在开罗,拉纳在瓦格拉姆相继丧命——从而为他腾出了空位。他不是青云直上登坐最高军衔的职位,而是经过二十年战争的煎熬,水到渠成。

拿破仑大概也知道,格鲁希既不是气吞山河的英雄,也不是运筹帷幄的谋士,他只不过是一个老实可靠、循规蹈矩的人。但是拿破仑自己的元帅,一半已在黄泉之下,而其余几位已对这种没完没了的风餐露宿的戎马生活十分厌倦,正怏怏不乐地待在自己的庄园里呢。所以,拿破仑是出于无奈才对这个中庸的男子委以重任。

六月十七日,林尼一仗胜利后的第一天,也是滑铁卢战役的前一天,上午十一时,拿破仑第一次把独立指挥权交给格鲁希元帅。就在这一天,在这短暂的瞬间,唯唯诺诺的格鲁希跳出一味服从的军人习气,自己走进世界历史的行列。这不过是短暂的一瞬间,然而又是怎样的一瞬间呵!拿破仑的命令是清楚的:当他自己向英军进攻时,格鲁希务必率领交给他的三分之一兵力去追击普鲁士军队。这似乎是一项简单的任务,因为它既不曲折也不复杂。然而即便是一柄剑,也是柔韧可弯,两边双刃呀!因为拿破仑在向格鲁希交代追击任务的同时还交代清楚:他务必始终和主力部队保持联系。

格鲁希元帅踌躇地接受了这项命令。他不习惯独立行事。只是当他看到皇帝的天才目光,他才感到心里踏实,不假思索地应承下来。此外,他似乎也感觉到自己手下的将军们在背后对他的不满。当然,也许还有命运的翅膀在暗中拨弄他呢。总之,使他放心的是,大本营就在附近。只需三小时的急行军,他的部队便可和皇帝的部队会合。

格鲁希的部队在瓢泼大雨中出发。士兵们在软滑的泥泞地上缓慢地向普军运动。或者至少可以说,他们是朝着布吕歇尔部队所在地的方向前进。

滑铁卢的上午

时间已是上午九点钟。但部队尚未全部到齐。下了三天的雨,地上又湿又软,行路困难,妨碍了炮兵的转移。到这时候,太阳才渐渐地从阴云中露出来,照耀着大地。空中刮着大风。今天的太阳可不像当年奥斯特里茨的太阳那样金光灿烂,预兆着吉祥。今天的太阳只散射出淡黄色的微光,显得阴郁无力。这是北方的阳光。部队终于准备就绪,处于待命状态。战役打响以前,拿破仑又一次骑着自己的白色牝马,沿着前线,从头至尾检阅一番。在呼啸的寒风里,旗手们举起战旗,骑兵们英武地挥动战刀,步兵们用刺刀尖挑起自己的熊皮军帽,向皇帝致意。所有的战鼓狂热地敲响,所有的军号都对着自己的统帅快乐地吹出清亮的号音。但是,盖过这一切响彻四方声音的则是从各个师团滚滚而来的雷鸣般的欢呼声。这是从七万士兵的喉咙里迸发出来的、低沉而又洪亮的欢呼声:"皇帝万岁!"

二十年来,拿破仑进行过无数次检阅,从未有像他这最后一次检阅这样壮观、热烈。欢呼声刚一消失,十一点钟——比预定时间晚了两小时,而这恰恰是致命的两小时!——炮手们接到命令:用榴弹炮轰击山头上的身穿红衣的英国士兵。接着,内伊——这位"雄中之杰"率领步兵发起冲锋。决定拿破仑命运的时刻开始了。关于这次战役,曾有过无数描述。但人们似乎从不厌倦去阅读有关的各种各样激动人心的记载,一会儿去读司各特写的鸿篇巨制,一会儿去读斯丹达尔写的片段插曲。这次战役,无论是从远处看,还是从近处看,无论是从统帅的山头上看,还是从盔甲骑兵的马鞍上看,都是伟大无比,具有多方面的意义。这次战役是一部扣人心弦的富于戏剧性的艺术杰作:一会儿陷入失落,一会儿又充满希望,两者不停地变换着位置。最后,这种变换突然成了一场灭顶之灾。这次战役是真正悲剧的典型,因为欧洲的命运全系在拿破仑这一个人的命运上。拿破仑的存在犹如节日迷人的焰火,像爆竹一样在倏然坠地永远熄灭之前,会再次冲上云霄。

从上午十一点至下午一点,法军师团向高地进攻,一度占领了村庄和阵地,但又被击退下来,继而又发起进攻。在空旷、泥泞的山坡上已覆盖着一万具尸体。可是除了大量消耗以外,什么也没有达到。双方的军队都疲惫不堪,双方的统帅都焦虑不安。双方都知道,谁先得到增援,谁就是胜利者。威灵顿等待着布吕歇尔;拿破仑盼望着格鲁希。拿破仑心情焦灼,不时端起望远镜,接二连三地派传令兵到格鲁希那里去;一旦他的这位元帅及时赶到,那么奥斯特里茨的太阳将会重新在法兰西上空照耀。

/ 思考 /

1. 选文中拿破仑最突出的特点是什么?你知道滑铁卢之战最终的结局吗?选文中哪些语句已经暗示了结局?

2. 在所有有关拿破仑的传记中,茨威格的《滑铁卢的一分钟》堪称经典。在这决定性的一分钟里,作者把视角集中在拿破仑的副将格鲁希元帅身上。请你读一读全文,思考作者为什么这么写。

/ 荐读 /

茨威格被称为"历史上最好的传记作家",《人类的群星闪耀时——十四篇历史特写》是他的传世名作。作者从不同的时代和领域回顾了十四个人星光闪耀的那一刻。在那个神奇的瞬间,他们有的成为英雄,有的则成为千秋遗恨。当他们的个人命运与人类历史相互碰撞所闪耀的火花,照亮人类历史的天空时,也一定能点燃你心中的火焰。

书　　名:人类的群星闪耀时
　　　　——十四篇历史特写
作　　者:茨威格
译　　者:舒昌善
出版信息:生活·读书·新知三联书店 2015年版

回忆鲁迅先生（节选）[1]

萧 红

/导读/ 鲁迅先生的眼光，是一个时代全智者的催逼。

　　鲁迅先生不大注意人的衣裳，他说："谁穿什么衣裳我看不见的……"

　　鲁迅先生生病，刚好了一点，他坐在躺椅上，抽着烟，那天我穿着新奇的大红的上衣，很宽的袖子。

　　鲁迅先生说："这天气闷热起来，这就是梅雨天。"他把他装在象牙烟嘴上的香烟，又用手装得紧一点，往下又说了别的。

　　许先生忙着家务，跑来跑去，也没有对我的衣裳加以鉴赏。

　　于是我说："周先生，我的衣裳漂亮不漂亮？"

　　鲁迅先生从上往下看了一眼："不大漂亮。"

　　过了一会又接着说："你的裙子配的颜色不对，并不是红上衣不好看，各种颜色都是好看的，红上衣要配红裙子，不然就是黑裙子，咖啡色的就不行了；这两种颜色放在一起很浑浊……你没看到外国人在街上走的吗？绝没有下边穿一件绿裙子，上边穿一件紫上衣，也没有穿一件红裙子而后穿一件白上衣的……"

　　鲁迅先生就在躺椅上看着我："你这裙子是咖啡色的，还带格子，颜色浑浊得很，所以把红色衣裳也弄得不漂亮了。"

　　"……人瘦不要穿黑衣裳，人胖不要穿白衣裳；脚长的女人一定要穿黑鞋子，脚短就一定要穿白鞋子；方格子的衣裳胖人不能穿，但比横格子的还好；横格子的胖人穿上，就把胖子更往两边裂着，更横宽了，胖子要穿

---

[1] 选自《回忆鲁迅先生》，华东师范大学出版社2015年版。萧红（1911—1942），中国现代女作家，作品有《生死场》《呼兰河传》等。

竖条子的,竖的把人显得长,横的把人显得宽……"

那天鲁迅先生很有兴致,把我一双短统靴子也略略批评一下,说我的短靴是军人穿的,因为靴子的前后都有一条线织的拉手,这拉手据鲁迅先生说是放在裤子下边的……

我说:"周先生,为什么那靴子我穿了多久了而不告诉我,怎么现在才想起来呢?现在我不是不穿了吗?我穿的这不是另外的鞋吗?"

"你不穿我才说的,你穿的时候,我一说你该不穿了。"

那天下午要赴一个宴会去,我要许先生给我找一点布条或绸条束一束头发。许先生拿了来米色的绿色的还有桃红色的。经我和许先生共同选定的是米色的。为着取美,把那桃红色的,许先生举起来放在我的头发上,并且许先生很开心地说着:

"好看吧!多漂亮!"

我也非常得意,很规矩又顽皮地在等着鲁迅先生往这边看我们。

鲁迅先生这一看,他就生气了,他的眼皮往下一放向着我们这边看着:

"不要那样装饰她……"

许先生有点窘了。

我也安静下来。

鲁迅先生在北平教书时,从不发脾气,但常常好用这种眼光看人,许先生常跟我讲,她在女师大读书时,周先生在课堂上,一生气就用眼睛往下一掠,看着她们,这种眼光是鲁迅先生在记范爱农先生的文字曾自己述说过,而曾接触过这种眼光的人就会感到一个时代的全智者的催逼。

我开始问:"周先生怎么也晓得女人穿衣裳的这些事情呢?"

"看过书的,关于美学的。"

"什么时候看的……"

"大概是在日本读书的时候……"

"买的书吗?"

"不一定是买的,也许是从什么地方抓到就看的……"

"看了有趣味吗?"

"随便看看……"

"周先生看这书做什么?"

"……"没有回答,好像很难以答。

许先生在旁说:"周先生什么书都看的。"

海婴一看到我非拉我到院子里和他一道玩不可,拉我的头发或拉我的衣裳。

为什么他不拉别人呢?据周先生说:"他看你梳着辫子,和他差不多,别人在他眼里都是大人,就看你小。"

许先生问着海婴:"你为什么喜欢她呢?不喜欢别人?"

"她有小辫子。"说着就来拉我的头发。

鲁迅先生喜欢吃一点酒,但是不多吃,吃半小碗或一碗。鲁迅先生吃的是中国酒,多半是花雕。

老靶子路有一家小吃茶店,只有门面一间,在门面里边设座,座少,安静,光线不充足,有些冷落。鲁迅先生常到这吃茶店来,有约会多半是在这里边,老板是犹太也许是白俄,胖胖的,中国话大概他听不懂。

鲁迅先生这一位老人,穿着布袍子,有时到这里来,泡一壶红茶,和青年人坐在一道谈了一两个钟头。

有一天鲁迅先生的背后那茶座里边坐着一位摩登女子,身穿紫裙子黄衣裳,头戴花帽子……那女子临走时,鲁迅先生一看她,用眼瞪着她,很生气地看了她半天。而后说:

"是做什么的呢?"

鲁迅先生对于穿着紫裙子、黄衣裳、戴花帽子的人就是这样看法的。

/ 思考 /

1. 这篇文章也节选自萧红女士的《回忆鲁迅先生》。读完后结合教材选文,说说你对鲁迅先生是否有新的认识?

忽然洞开的窗子

2. 选文几乎大多数段落都很短小,有的甚至单句成段,这样写人物,你觉得有哪些好处?请你也尝试用这种写法来写一个人。

/ 荐读 /

鲁迅先生给我们的印象是犀利,是深刻,是一个无畏的战士,是神坛上不容置疑的精神偶像。但萧红笔下的鲁迅先生,会发脾气,会冷幽默,也会和我们一样有喜怒哀乐。散文集《回忆鲁迅先生》中,萧红以女性独特的敏感,细腻地捕捉了鲁迅先生的生活细节,这一幕幕生活画卷,如电影一般徐徐展开,让我们再次认识了一位识人间烟火的鲁迅先生。

书　　名:回忆鲁迅先生
作　　者:萧红
出版信息:华东师范大学出版社 2015 年版

办平民学校，以造就"新民"(节选)[1]

《先生》编写组

/导读/ 先生，一个让人崇敬的尊称；晏阳初，一位让人敬仰的先生。

世界上最宝贵的矿藏是"脑矿"

1918年，晏阳初从耶鲁毕业的第二天，就应募以北美基督教青年会战地服务干事的身份，远涉重洋去第一次世界大战后期的法国战场。那里有20多万被称做"苦力"的挖战壕、救伤员的华工，晏阳初便当起了"苦力的翻译"。他为华工及时解决了写家信的问题。虽然他乐意为华工代写家信，但一人之力毕竟有限，工作的繁忙让他想到"授人以鱼，不如授人以渔"的这句中国古话，因此创办了华工识字班。

在办班初得成功之后，为了给更多的华工开智启蒙。他发明了"导生制"，即由开始识字的学员教尚未识字的同学，先学先知带动后学后知，将有限的教育资源最大化。华工们4个月内就学会繁难汉字的成绩、导生制的效果、华工和管理者的反应等，都使他感到仿佛发现了一座丰富的矿藏。

晏阳初用白话文编写的《华工周报》发行数月后，他收到了一封读者来信，大意如下。"晏先生大人：自从您办周报以来，天下事我都知道了。但是，您的报卖得太便宜了，只10个生丁，恐怕不久要关门。我现在捐出我三年的积蓄，365个法郎。"华工们辛勤劳动，只有微薄的收入，但竟肯用三年的积蓄支持这张小小的报纸！晏阳初深受感动。正是这一事件启发了他，也教育了他。他说："我在法国，原是想教育华工，没想到他们竟教育了我，他们的智力和热诚，渐渐引导我发现一种新人。这新人的发

---

[1] 选自《先生》，中信出版社2012年版。

现,比考古学家发现北京人,或许还要重要。"

数千年来,这种人被认为是没脑筋的人,没有时间读书,也没人教他们。基督救世,依于怜悯,止于宣教信仰,晏阳初却起而行动。孔子被称为至圣先师,但孔子虽然有教无类,却"有闻来学,不闻往教",晏阳初却"往"了,他到了民间,回到大众之中。自此而后,他立志不做官,也不发财,要把"终身献给劳苦的大众"。他发出一感人肺腑之言:教育劳苦大众,是一种使命,也可以是教育的革命,我要为这革命而出家,就是抛弃荣华富贵。劳苦大众所需要的,不是脑筋,而是机会,受教育的机会。他们不是不可教,而是无教。……那个时候,我就想做平民教育工作。"平"字是一个很好的字,有两个大意义:一方面,是平等的意思。不管是黄人、白人、黑人、穷人、富人,人格都是平等的。有了人格的平等,进一步求教育的机会平等,平社会之不平。平民教育就是全民教育。另一方面,平是天下太平。如果人人无机会受平等的教育,天下不会太平。

晏阳初所说的发现了比金矿、银矿不知宝贵多少的"脑矿",就是中国苦力身上、中国农民身上蕴藏的力量。他汲取了儒家"民为邦本,本固邦宁"的思想,却也扬弃了孔子"惟上智与下愚不移"的傲慢与偏见;他汲取了西方文化中和孙中山先生关于"民有、民治、民享"的现代民主精神,却也扬弃了基督教因信因名称义的空洞虚幻;他直面民间"苦力"之苦,也以真诚的平等意识致力于开发"苦力"之潜力。

他坚信,世界上最宝贵的财富就是人,世界上最宝贵的矿藏就是"脑矿",最大的"脑矿"在当时的中国:4亿人民中只有一小部分受过教育,目不识丁的文盲超过3亿。英国每百人中文盲只有3人,法国只有4人,日本也只有4人,而中国却有80多人。晏阳初认为,平民教育是开"脑矿"最简单、最适用的工具。

在美国纽约,晏阳初曾接受诺贝尔文学奖获得者、美国女作家赛珍珠的访谈,面对乡村建设的疑问,他说:"我向全世界提出一个问题,请求解答。为什么不能团结所有国家、所有地区的人民以共同打击我们的敌人,即愚昧、贫困、疾病和腐败政府呢?我们都希望有一个更好的世界,但其确切含义是什么?世界最基本的要素是什么?是黄金还是钢铁?都不是。最基本的要素是人民！在谈及一个更好的世界时，我们的确切含义是需要素质更好的人民。"

1945年，晏阳初曾对蒋介石说：我们人民遭受了21年内战，他们流尽了鲜血。现在该是为农村大众干一些事的时候了。蒋介石说：你是个学者，我是个战士。并说，等他消灭了共产党之后，要聘请晏阳初为全中国乡村改造运动的领导。晏阳初当即说：委员长，如果您只看到军队的力量，而看不到人民的力量，那么你会失去中国。

除文盲　作新民

1920年，在晏阳初即将回国之际，北美基督教育青年协会的副总干事薄克曼先生对这个前程远大的年轻人说："你具有书香世家的门第和慈父的教育以及教授中国经典的基础，加上海外教育，回国以后，当可以迅速获得领导地位，以为中国学士服务。"晏阳初回答说："不！我的未来早在法国为华工服务时就已决定，有生之年献身为最贫苦的文盲服务，不为文人学士效力。"

晏阳初是一个务实的人，从法国战场回到中国开展平民教育，面对的是比华工更复杂多样的社会生态。但这种环境的改变反而激发了晏阳初更大的原创力。

面对当时国内的混乱状况，经历了科学民主洗礼与基督教文化进一步熏陶的晏阳初，想起一句古训：民为邦本，本固邦宁。本不固，则邦不宁。他开始了系统的平民教育社会调查，在游历了19个省后，决定一切须从"除文盲，作新民"开始。他还意识到，自己的平民教育理念与民族救亡图存和国家富强有着紧密联系。彼时，中国有85%的人不识字——这种尴尬让晏阳初既忧心又兴奋，这85%的文盲正是一个巨大的"脑矿"。他决心大幅度开发矿藏，长沙、烟台、嘉兴……以识字运动打响的平教计划愈演愈烈。在长沙，运动声势浩大，当时的100多位义务教员中，有一位青年名叫毛泽东。有研究者认为，就是在做扫盲运动的时候，毛泽东受到了晏阳初的影响，开始觉悟到革命要从下而上，而且方法要简单、经济、实际。

1923年，在晏阳初的倡导下，中华平民教育促进总会（简称"平教会"）在北京成立。晏阳初任总干事，陶行知、陈鹤琴等教育家陆续加入。晏阳初为平教总会拟定的工作方针，用英语表述为"Relief is not the answer, but release"。直译全句为"答案不是救济，而是释放（其能量）"，也有人译为"不要救济，让他发扬"。这种超越悲悯的扶助，对下层民众的尊重与信任，使他所从事的平民教育与社会改造事业，既超越了中国古代"民本"思想止于政治策略层面的局限，也超越了基督教的以怜悯为基础的"救世主"情感，而升华到依靠人民达成民主目标的现代性境界。

在教育过程中，晏阳初发现办平民教育要克服三大困难：第一是"穷难"，因为他们穷，一天到晚忙于生计，无钱接受教育；第二是"忙难"，他们终日忙碌，没有多余时间上学；第三是"文难"，中国文字太难学习。要克服它们，就得使平民教育成为经济的、简单的、基础的苦力教育，才能易于执行。而文字教育是开发民众知识的基础，为此他动员、组织编写了《平民千字课》。这些结论至今仍是中国和世界扶贫济困所要面对的难题。

平教会的成立，加之晏阳初的宣传鼓动，使越来越多的知识分子被吸引至投身平民教育。郑锦曾是国立北平艺术专科学校的创办人兼校长，晏阳初的好友。彼时晏阳初曾当面问他：你的画作何以只供豪贵赞扬，而不用生花妙笔表达平民的可怜困苦生活？不久，深受触动的郑锦辞去本职，担任平教会视听教育部主任。之后，在此般有过之无不及的理想煽动下，熊希龄、梁启超、胡适、蒋梦麟等陆续加入平教会，各司其职。胡还不仅自己参加，还把儿子胡祖望也捎上，一起做起教员。

但经过几年的实践，晏阳初发现，中国大部分的文盲不在城市而在农村，要想普及平民教育，就应当到农村去。后来，平教会的工作重心便从城市逐渐转入农村。

1929年，晏阳初携带家眷来到河北定县创办"人类社会实验室"。这个地方后来成了遍及全世界的乡村建设运动的发源地。

这个当年39岁的耶鲁博士，还团结了一批留洋归来的其他博士，他们放弃唾手可得的名利、地位和城市生活，把全部精力和心血都献给了充满着"贫、病、私、盲"的农业文明最后一块阵地——农村。与他当时一起踏进农村的"战友",有个粗略的名单:瞿菊农(哈佛大学教育学博士)、陈筑山(国立北京法政专科学校校长)、熊佛西(哈佛大学戏剧博士)、冯锐(康奈尔大学农业经济学博士)、傅保琛(康奈尔大学乡村教育博士)、陆燮均(威斯康星大学博士)、陈志潜(哈佛大学医学院公共卫生硕士)……

这份名单,放在今日,也实属壮观、鲜见。"博士下乡"在后来成为人们熟知的口号,确是晏阳初等一众知识分子80年前亲身上演的。

/ 思考 /

1. 1955年美国《展望》杂志评选晏阳初为"当前世界最重要百名人物"之一,并尊称他为"世界平民教育之父"。就本文看,你觉得晏阳初当选的原因有哪些?

2. 选文既写了晏阳初与蒋介石的对话,也提及晏阳初思想对青年毛泽东的影响,这样写有什么用意?

/ 荐读 /

先生,都学贯中西,德高望重。先生,都生于乱世,为国担当。先生,都卓尔不群,自由独立。这是我们理想中的先生,也是20世纪初中国确确实实存在的一批大师——学问的大师,教育的大师,人格的大师。愿你我,心怀崇敬,都读《先生》。愿你我,心怀赤诚,都做先生。

书　　名:先生
作　　者:《先生》编写组
出版信息:中信出版社2012年版

我们当海盗吧(节选)[①]

沃尔特·艾萨克森

/导读/ 那些疯狂到以为自己能够改变世界的人,才能真正改变世界。恰如乔布斯。

乔布斯虽然有很多让人讨厌的行为,但他也能给自己的队伍注入团队精神。在把别人贬得一文不值之后,他又能找到办法激励他们,让他们觉得成为麦金塔项目的一员是一项美妙的任务。每半年,他都会带着团队的大部分人,去附近的一处度假胜地举行为期两天的集思会。

1982年9月的那次集思会是在蒙特雷附近的帕加罗沙丘(Pajaro Dunes)进行的。大约50名Mac团队成员坐在小屋里,面朝着壁炉。乔布斯坐在他们前面的一张桌子上。他小声地说了一会儿话,然后走到一个画架旁,开始逐一列出自己的想法。

第一条是"决不妥协"。这一条在日后的岁月里被证明是一把双刃剑。大多数技术团队都会妥协。另一方面,Mac最终要成为乔布斯和他的队伍所能做出的最"酷毙了"(Insanely Great)的产品——但它又不能再花上16个月才上市,远远晚于计划时间。提出一个计划中的完工日期后,他告诉他们:"即便错过上市日期,也不能粗制滥造。"换做愿意作出妥协的项目经理,也许会敲定一个完工日期,之后不得再作出任何改动。但乔布斯不是这样的人,他的另一句名言就是:"直到上市,产品才能算是完工。"

另一张纸上写下了一句公案一样的短语,他后来告诉我那是他最爱的一句格言。上面写的是:"过程就是奖励。"他喜欢强调,Mac团队是一

[①] 选自《史蒂夫·乔布斯传》,管延圻等译,中信出版社2011年版。史蒂夫·乔布斯(1955—2011),美国发明家、企业家,美国苹果公司联合创办人。

支有着崇高使命的特殊队伍。未来的某一天,他们会回顾这段共同度过的时光,对于那些痛苦的时刻,只是过眼云烟,或者付之一笑,他们会把这段时光看做人生中奇妙的巅峰时刻。

演讲的最后,他问道:"你们想看点儿好东西吗?"然后他拿出了一个日记本大小的装置。他翻开之后,大家发现那是一台可以放在腿上使用的电脑,键盘和屏幕接合在一起,就像笔记本一样。他说:"这是我的梦想,希望我们能在80年代中晚期造出这种电脑。"他们正在创建一家基业长青的公司,一家开创未来的公司。

接下来的两天,各团队的负责人和颇具影响力的计算机行业分析师本·罗森都发表了演讲,晚上的时间就用来举行泳池派对和跳舞。到最后,乔布斯站在众人面前,发表了一番独白。"随着时间的流逝,这里的50个人所做的工作将会对整个世界产生深远影响。"他说道,"我知道我可能有一点儿难以相处,但这是我一生中做过的最有趣的事情。"多年之后,当时观众中的大多数人想到乔布斯的那句"有一点儿难以相处"时都会笑起来,并且都同意他的说法:能深远地影响世界,是他们一生中最大的乐趣。

接下来的一次集思会是在1983年1月底,丽萨发布的当月。会议的调子有了转变。4个月前,乔布斯在他的挂图上写下了"决不妥协",这一次,他的格言变成了"真正的艺术家总能完成作品"。火气一下子被拱了起来。阿特金森未能得到在丽萨发布时接受采访的机会,他冲进乔布斯的酒店房间,威胁要辞职。乔布斯努力安抚他,但他根本不吃这一套。乔布斯发怒了,"我现在没时间处理这个。"他说,"我还有60个员工全身心投入在麦金塔项目上,他们在等着我去开会呢。"说完他就径自走开,去给自己的忠实员工们演讲了。

乔布斯发表了一通振奋人心的演讲,宣称他已经就使用麦金塔这个名字一事,和麦金托什音频实验室解决了纷争。(事实上,当时此事仍然在谈判之中,但那样的时刻需要乔布斯略略施展他的现实扭曲力场。)他拿出一瓶矿泉水,象征性地给台上的样机施了洗礼。阿特金森在很远的地方就听到了巨大的欢呼声,他叹了口气,也加入到了人群中。接下来的派对上,有泳池裸泳,有沙滩上的篝火,还有整晚播放的音乐,嘈杂的声音让卡梅尔的海滩酒店(La Playa)要求他们再也不要光顾了。几个星期之后,乔布斯设法让阿特金森被评为了"苹果特别员工",这意味着加薪、获得股票期权以及自主选择项目的权利。此外,公司还同意,当麦金塔启动阿特金森创作的画图程序时,屏幕上都会显示:"MacPaint——作者比尔·阿特金森。"

1月份集思会时,乔布斯的另一条著名言论是"当海盗,不要当海军"。他想给自己的团队灌输叛逆精神,让他们像侠盗一样行事:既为自己的工作感到自豪,又愿意去窃取别人的灵感。就像苏珊·卡雷说的:"他的意思是,我们的团队里要有一种叛逆的感觉,我们能快速行动,做成事情。"为了庆祝乔布斯几周之后的生日,团队在通往苹果公司总部的马路边买下了一块广告牌,上面写着:

史蒂夫,28岁生日快乐。过程就是奖励。

——海盗们贺

Mac团队最酷的程序员之一史蒂夫·卡普斯(Steve Capps)认为,需要为这种新的精神升起一面海盗旗。他拿了一块黑布,让卡雷画成一面骷髅旗。骷髅所戴的一只眼罩被他画上了苹果的标识。一个周日的深夜,卡普斯爬到了新落成的班德利3号楼的楼顶,在建筑工人留下的一个脚手架支柱上升起了那面海盗旗。这面旗帜高高飘扬了几个星期,后来丽萨团队的成员在一次深夜突袭中偷走了它,并给Mac团队送去了一张索取赎金的通知。卡普斯为了把旗子抢回来,带人突袭了丽萨团队,并成功地从一个负责看管海盗旗的秘书手中夺回了它。一些心态成熟的人担心乔布斯的海盗精神正在逐渐失控。"升海盗旗这件事真的非常愚蠢,"亚瑟·罗克说,"这是在告诉公司的其他人,他们不够出色。"但乔布斯喜欢这样,一直到Mac项目完成,他始终让那面海盗旗飘着。"我们很叛逆,我们想让大家知道这一点。"他回忆说。

/思考/

1. 你欣赏乔布斯这类"海盗"吗？他的哪句格言给你的印象最深刻？
2. 文中多次提到乔布斯的演讲。你知道他演讲的成功秘诀吗？猜猜看。

/荐读/

有人说人类历史上有著名的三个苹果,一个诱惑了夏娃,一个砸中了牛顿,另一个则钟情于乔布斯。乔布斯的人生经历如过山车一般精彩,他独树一帜的想象力、创造力以及激情成就了一个时代传奇。沃尔特·艾萨克森在两年多的时间里与乔布斯面对面沟通40多次,并采访了他100多位亲友、同事和对手,为我们从多个视角呈现了一个完全开放的乔布斯,读这本书,你也许会有使用苹果产品一样的体验。

书　　名：史蒂夫·乔布斯传
作　　者：[美]沃尔特·艾萨克森
译　　者：管延圻等
出版信息：中信出版社 2011 年版

一粒改变世界的种子[①]

陈启文

/导读/ 用一粒种子,这个中国人改变了世界。

在世界粮食版图上,水稻是仅次于玉米的第二大粮食作物,全世界一半以上人口以稻米为主食。水稻是全世界穷人最大的食物来源,而贫穷最突出、最悲惨的特征就是饥饿。袁隆平年轻时做过一个神奇的梦——"禾下乘凉梦",袁隆平其实还有第二个梦——"杂交水稻覆盖全球梦"。尽管以袁隆平为代表的中国科学家为培育一粒神奇的种子而付出了世人难以想象的心血,但中国人从未把杂交水稻作为自己的独门秘籍,在一粒种子刚刚问世不久,就将它推向了世界。一粒神奇的种子,从中国向世界延伸,成为一粒改变世界的种子。

如今一提到"杂交水稻之父",根本不用打引号,这个词和"袁隆平"已经是同义词。这个"杂交水稻之父"是没有定语的,既是中国的杂交水稻之父,也是世界的杂交水稻之父。在这个意义上,中国的袁隆平,也是世界的袁隆平、人类的袁隆平。

这也不是咱们中国人自封的,而是来自世界的加冕。

1982年秋天,袁隆平飞抵马尼拉,出席一年一度的国际水稻学术会议。马尼拉是菲律宾共和国的首都,也是国际稻都,这里是国际水稻研究所(IRRI)总部所在地。国际水稻研究所是最早与中国开展合作的国际农业研究机构之一,也是袁隆平和中国杂交水稻走出国门、走向世界的第一座桥梁或桥头堡。1979年4月,袁隆平第一次走出国门,第一次参加国际水稻学术会议,就是来这里。但这次的气氛不同以往,异常庄重。国际水稻研究所

[①] 选自《追逐太阳的人——杂交水稻之父袁隆平》,河南文艺出版社2017年版。陈启文,1962年生,中国当代作家。袁隆平,1930年生,中国杂交水稻育种专家,被誉为"世界杂交水稻之父"。

所长斯瓦米纳森博士事先也没有跟袁隆平通个气,在会议开幕前,他走到袁隆平身边,请袁隆平到主席台就座。这让袁隆平感到有些茫然,他早已习惯了安静地坐在台下那个属于自己的位置。但斯瓦米纳森博士弯下了他高大的身躯,一只手向前伸着,他这样毕恭毕敬,神情庄重,袁隆平只得起身,在斯瓦米纳森博士的引领下,一步一步地走向主席台。

在这个庄严的行进过程中,他们前方的屏幕上出现了历史性的一幕,投影机打出了袁隆平的巨幅头像,同时送出了醒目的英文字母——"杂交水稻之父袁隆平"。袁隆平看见了,他仿佛是第一次看清楚自己的模样,而且是和"杂交水稻之父"叠加在一起,这让他感到很突兀,他却很镇定。此时,来自世界各国的专家一齐起立,一齐向他行注目礼。当袁隆平登上主席台后,斯瓦米纳森博士用充满了敬重的声音说:"今天,我十分荣幸地在这里向你们郑重介绍我的伟大的朋友、杰出的中国科学家、我们 IRRI 的特邀客座研究员——袁隆平先生,我们把袁隆平先生称为'杂交水稻之父',他是当之无愧的!他的成就不仅是中国的骄傲,也是世界的骄傲。他的成就给世界带来了福音!"

袁隆平的世界级声誉由此开始。世界性的荣誉,其实也是一种世界性的责任。

此前,国际水稻研究所搞了多年的杂交水稻研究,一直没有成功,后来不得不半途而废。在中国杂交水稻研究成功后,他们感到不可思议,并重新燃起了希望,凭他们所拥有的科研设备、品种资源,还有世界一流的科研团队,只要借助中国杂交水稻技术,就有成功的可能。当然,他们要培育的杂交水稻与中国有所不同,主要是适合在东南亚等热带地区种植的杂交水稻。就在袁隆平第一次走进 IRRI 总部后不久,国际水稻研究所便与我国签订了合作研究杂交水稻的协议,中断了七年之久的杂交水稻研究课题重新上马。在他们选用的母本中,就有中国赠送的三个"野败"型不育系。而他们要聘请的第一位中国专家,就是袁隆平。自那以后,中国与国际水稻研究所的合作越来越密切,1980 年秋天,中国农业科学院和国际水稻研究所就在长沙共同举办了第一期国际杂交水稻技术培训班。

在长沙马坡岭,有一座临水而筑、坐北朝南的建筑。在绿树掩映中,那玻璃幕墙如天空一样湛蓝,将时空的深度延伸了一倍,透出柔和的光影与云影,幕墙上,镶嵌着一行结实饱满的大字:"杂交水稻培训中心"。这

忽然洞开的窗子

是袁隆平题写的,那字体的颜色像熟透了的稻子一样黄灿灿的。这是杂交水稻国际培训的一个重要平台,国家杂交水稻工程技术研究中心先后受国际水稻研究所、联合国粮农组织(FAO)的委托,几乎年年都要举办国际杂交水稻技术培训班。一批批从世界各地来参加杂交水稻技术培训的学员,并非一般的学子,而是他们国内水稻界的拔尖人才,很多都是博士、教授或研究员。他们来到湖南这个杂交水稻的发源地,走进马坡岭的中心试验田,不是为了见证奇迹,而是为了在世界各地传承和演绎这个奇迹。袁隆平是培训班的主讲人。那一口流利的英语加上他那"刚果布"式的模样,特有亲和力,他走进这些来自五大洲的学员中间,仿佛一下就拉近了他与世界的距离。他立马就与这些不同肤色的学员打成了一片,看上去就像一个水稻王国的酋长,但他又不是那种威严的酋长,更像是一个老天真、老顽童,像年轻人一样活泼敏捷,这是他的好心态,也是他的真性情。当五大洲的学员围着这个"杂交水稻之父",就像五大洲围绕着一粒神奇的中国种子。是的,袁隆平创造出了一粒改变世界的种子,他本人又何尝不是一粒种子啊。

联合国粮农组织的援助国,绝大多数都是贫穷落后、没有解决温饱的国家,也是杂交水稻国际推广的重点。而今,一粒粒杂交水稻的种子已在全球四十多个国家和地区推广。从杂交水稻推广到"杂交水稻外交",一粒种子还承载着更大的使命。据联合国粮农组织初步统计,20世纪90年代初,全球只有百分之十的稻田种上了杂交水稻,而水稻平均增产就达百分之二十以上。杂交水稻所占比例之小,而达到的增产效果却如此显著,已经令人叹为观止。但对于"杂交水稻之父"来说,与其说是欣慰,不如说是深重的忧思。尽管杂交水稻有显著的增产效果,但在推广上远远不够。说到这个话题,他习惯性地扳着指头算账:目前,世界上有一百一十多个国家种植水稻,包括中国在内,全球每年水稻种植面积超过二百十二亿亩。据截至2014年的统计数据,杂交水稻在国外的种植面积仅有五百多万公顷(约7 500万亩),包括中国在内也只有三亿多亩。这离他的"杂交水稻覆盖全球梦"还相距甚远。但他从不悲观,这个早已被风霜染白了头发的智者,踌躇满志地说:"中国杂交水稻种植有绝对优势,如果让我们的技术和优良品种走出国门,且不说杂交稻覆盖全球,就算打一半折扣,只要将世界上杂交稻种植面积增加现有水稻面积的一半左右,即十一亿亩,哪怕按保守的估计,每公顷按增产两吨计算(每亩增产约133.3公斤),你算算,每年仅增产的粮食就有一亿五千万吨,可以多养活四五亿人口。"

袁隆平将自己多年积累的经验和技术无偿传授,通过他和其他国际水稻专家的悉心培育,许多国家都分享了这一宝贵的资源,陆续育成了许多优良的不育系和高产的杂交组合。一粒粒来自中国的种子,接触大地,生长繁育,生出无数的种子,一点一点地改变着水稻王国的版图。

/ 思考 /

1. 为什么说"中国的袁隆平,也是世界的袁隆平、人类的袁隆平"?
2. 国际水稻学术会议上,当投影机打出了袁隆平的巨幅头像,同时送出了醒目的英文字母——"杂交水稻之父袁隆平"时,袁隆平心里会想些什么呢?尝试着写一写。

/ 荐读 /

世上没有永生之人,但有永恒的价值。当代中国,恐怕没有谁能够像袁隆平一样,通过一粒种子把苍生从饥饿中拯救出来。他的人生经历与伟大贡献,将成为全人类的永恒价值之一。《追逐太阳的人——杂交水稻之父袁隆平》一书,从袁隆平投身于杂交水稻的初心开始追踪,用哥德巴赫猜想一步一步被证明的过程来比喻袁隆平的探索过程,书中所展现的生命不息、攀登不止的精神一定会给你带来震撼与启迪。

书　名:追逐太阳的人——杂交水稻之父袁隆平
作　者:陈启文
出版信息:河南文艺出版社 2017年版

《指南录》后序(节选)①

文天祥

/导读/ 孔曰成仁,孟曰取义。成仁取义,丹心照汗青!

呜呼!予之及于死者,不知其几矣②!诋③大酋当死;骂逆贼当死;与贵酋处二十日,争曲直,屡当死;去京口,挟匕首以备不测,几自刭死;经北舰十余里,为巡船所物色④,几从鱼腹死;真州逐之城门外,几彷徨死;如扬州,过瓜洲扬子桥,竟使遇哨⑤,无不死;扬州城下,进退不由,殆例送死⑥;坐桂公塘土围⑦中,骑数千过其门,几落贼手死;贾家庄几为巡徼所陵迫死⑧;夜趋高邮,迷失道,几陷死⑨;质明⑩,避哨竹林中,逻者数十骑,

---

①选自《文山先生全集》(《四部丛刊》初编本)卷十三。《指南录》,文天祥诗集。宋恭帝德祐二年(1276),元军进逼南宋首部临安,文天祥赴元营谈判,被扣押,后乘隙逃归。他把出使被扣和逃归途中所写的诗结集,取集中《渡扬子江》"臣心一片磁针石,不指南方不肯休"的句意,命名为"指南录"。作者写这篇序之前,已经为诗集写了《自序》,故本篇称为"后序"。文天祥(1236—1283),庐陵(今属江西吉安)人,南宋著名的爱国诗人。理宗宝祐四年(1256)进士第一,曾任刑部郎官、赣州知州等职。元军东下后,组织义军抗元。德祐二年任右丞相。端宗景炎三年被俘不屈,囚系大都。至元十九年十二月初九日被害,遗著有《文山先生全集》。
②[予之及于死者,不知其几矣]我濒临死亡的情况不知有多少次。
③[诋]辱骂。
④[物色]访求,这里是盘查的意思。
⑤[竟使遇哨]假使碰上敌人的哨兵。
⑥[殆例送死]几乎等于送死。殆,接近于。例,类于,等于。
⑦[桂公塘土围]桂公塘,小丘名,在扬州城外。土围,指原有的民房已无屋顶,仅存土围墙。
⑧[几为巡徼所陵迫死]几乎被巡查的军官凌侮逼迫而死。陵,同"凌",欺侮。
⑨[陷死]陷没而死。
⑩[质明]天刚亮的时候。

几无所逃死;至高邮,制府檄下①,几以捕系②死;行城子河③,出入乱尸中,舟与哨相后先,几邂逅死;至海陵,如高沙,常恐无辜死;道海安、如皋④,凡三百里,北与寇往来其间,无日而非可死;至通州,几以不纳⑤死;以小舟涉鲸波⑥出,无可奈何,而死固付之度外矣。呜呼!死生,昼夜事也。死而死矣,而境界危恶,层见错出⑦,非人世所堪。痛定思痛,痛何如哉!

予在患难中,间以诗记所遭。今存其本不忍废。道中手自抄录⑧。使北营,留北关外,为一卷;发北关外,历吴门、毗陵,渡瓜洲,复还京口,为一卷;脱京口,趋真州、扬州、高邮、泰州、通州,为一卷;自海道至永嘉,来三山,为一卷。将藏之于家,使来者读之,悲予志焉。

呜呼!予之生也幸,而幸生也何为?所求乎为臣,主辱,臣死有余僇⑨;所求乎为子,以父母之遗体行殆,而死有余责⑩。将请罪于君,君不许;请罪于母,母不许。请罪于先人之墓,生无以救国难,死犹为厉鬼以击贼,义也;赖天之灵,宗庙之福,修我戈矛,从王于师⑪,以为前驱,雪九庙⑫之耻,复高祖之业,所谓誓不与贼俱生,所谓鞠躬尽力,死而后已⑬,亦

---

①[制府檄下]制置司官署的通缉公文发下。这里指李庭芝发出的追捕令。
②[捕系]捕捉。
③[城子河]在今江苏高邮东南。下文的"高沙"在高邮西南。
④[道海安、如皋]取道海安、如皋。海安、如皋,今江苏海安、如皋。
⑤[不纳]不接受,不准进入。
⑥[鲸波]巨浪。
⑦[层见错出]层叠交错地出现,不断地发生。见,同"现"。
⑧[手自抄录]亲手抄录。
⑨[主辱,臣死有余僇]国君受到污辱,臣子即使死了也有罪过(而我现在还没能死成)。僇,同"戮",罪。
⑩[以父母之遗体行殆,而死有余责]用父母赐予自己的身体去冒险,即使死了也有罪责(而我已经历了许多危险)。殆,危险。
⑪[修我戈矛,从王于师]整治我的武器,跟从君王投身军旅。这两句语出《诗经·秦风·无衣》:"王于兴师,修我戈矛,与子同仇。"
⑫[九庙]古代皇帝立九庙祭祀先帝。这里指国家社稷。
⑬[誓不与贼俱生……死而后已]语出诸葛亮《后出师表》:"先帝虑汉贼不两立,王业不偏安,故托臣以讨贼也。……臣鞠躬尽瘁,死而后已。" 鞠躬,敬谨的样子。

忽然洞开的窗子

义也。嗟夫！若予者，将无往而不得死所矣①。向也使予委骨于草莽②，予虽浩然无所愧怍，然微以自文于君亲，君亲其谓予何③！诚不自意返吾衣冠④，重见日月⑤，使旦夕得正丘首⑥，复何憾哉！复何憾哉！

是年夏五，改元景炎，庐陵文天祥自序其诗，名曰《指南录》。

/ 思考 /

1. 文天祥为什么把诗集命名为"指南录"？
2. 第一段连续用多个"死"字回顾坎坷经历，在文中有何作用？

/ 荐读 /

一首《过零丁洋》，文天祥将丹心碧血印刻在中华民族的汗青史册上；一首《正气歌》，文天祥将浩然正气长存于中华民族的精神天地中。在《长歌正气》一书中，我们可以感受到文天祥一生爱国的悲壮、救国的艰难，追寻他在无奈与坚贞中孜孜以求的理想人格。孔曰成仁，孟曰取义，唯其义尽，所以仁至。读圣贤书，所学何事？而今而后，庶几无愧。

书　　名：长歌正气·文天祥传
作　　者：郭晓晔
出版信息：作家出版社 2015 年版

---

① [若予者，将无往而不得死所矣] 像我这样的人，在任何地方都可以找到我的死地。指无论死于何处，都死得其所，没有遗憾。
② [使予委骨于草莽] 如果我的尸骨抛弃在荒草丛中。
③ [然微以自文于君亲，君亲其谓予何] 但在君王和父母的面前无法文饰自己的过错，国君和父母会怎么讲我呢！微，无，没有。文，文饰。
④ [诚不自意返吾衣冠] 指自己实在没有料到能回到宋朝。衣冠，指汉人的服装。
⑤ [日月] 指皇帝、皇后。
⑥ [正丘首] 古代传说，狐狸在洞外死去时，一定会把头朝着它洞穴所在的土丘，表示对自己巢穴的依恋。后多用"正丘首"表示死于故乡或故国。

第二单元 黄河与扬子江对话

余光中诗选

余光中[1]

/导读/ 海外游子对祖国的感怀,在春天里,在江南里,在民歌里,在诗人的血液里……

春天,遂想起[2]

春天,遂想起
江南,唐诗里的江南,九岁时
采桑叶于其中,捉蜻蜓于其中
(可以从基隆港回去的)
江南
  小杜的江南
  苏小小的江南
遂想起多莲的湖,多菱的湖
多螃蟹的湖,多湖的江南
吴王和越王的小战场
(那场战争是够美的)
  逃了西施
  失踪了范蠡
失踪在酒旗招展的
(从松山飞三小时就到的)

---

[1] 余光中(1928—2017),著名诗人、学者、翻译家,出生于南京,祖籍福建永春。作品有《白玉苦瓜》《记忆像铁轨一样长》等。

[2] 选自《余光中精选集》,北京燕山出版社2016年版。

乾隆皇帝的江南

春天,遂想起遍地垂柳
　　　的江南,想起
太湖滨一渔港,想起
那么多的表妹,走过柳堤
(我只能娶其中的一朵!)
走过柳堤,那许多表妹
　　　　就那么任伊老了
　　　　任伊老了,在江南
　　　(喷射云三小时的江南)

即使见面,她们也不会陪我
陪我去采莲,陪我去采菱
即使见面,见面在江南
　　　在杏花春雨的江南
　　　在江南的杏花村
　　　(借问酒家何处)
　　　何处有我的母亲
复活节,不复活的是我的母亲
一个江南小女孩变成的母亲
清明节,母亲在喊我,在圆通寺

喊我,在海峡这边
喊我,在海峡那边
喊,在江南,在江南
　　　多寺的江南,多亭的
　　　江南,多风筝的
　　　江南啊,钟声里
　　　的江南

（站在基隆港，想——想
想回也回不去的）
　　多燕子的江南

　　　　　一九六二年四月二十九日午夜

民　歌[①]

传说北方有一首民歌
只有黄河的肺活量能歌唱
从青海到黄海
　　风　也听见
　　沙　也听见

如果黄河冻成了冰河
还有长江最最母性的鼻音
从高原到平原
　　鱼　也听见
　　龙　也听见

如果长江冻成了冰河
还有我，还有我的红海在呼啸
从早潮到晚潮
　　醒　也听见
　　梦　也听见

有一天我的血也结冰
还有你的血他的血在合唱

---

① 选自《白玉苦瓜》，北京联合出版公司 2017 年版。

从 A 型到 O 型

哭　也听见
笑　也听见

一九七一年十二月十八日

/ 思考 /

1. 江南的春天在你的脑海里是怎样的画面？《春天，遂想起》中的江南的春天又带给你哪些不一样的感受？

2. 黄河、长江、血液真的会冻住吗？你对诗人这样的想象有怎样的理解？

/ 荐读 /

余光中先生被称为"乡愁诗人"，那一枚小小的邮票，一张窄窄的船票，一湾浅浅的海峡，勾起中华儿女多少乡情！"乡愁诗人"的深切情愫渗透在他很多精致的诗歌作品中。请读一读这本《白玉苦瓜》，每个人都能在他的诗里找到自己的乡愁。

书　　名：白玉苦瓜
作　　者：余光中
出版信息：北京联合出版公司
　　　　　2017 年版

小胜儿[1]

孙 犁

/导读/ 小胜儿每天都要抱着饭罐,偷偷地爬进一个地洞里,她是要给谁送饭吗?这个人为什么要整日地躲在地洞里?

一

冀中有了个骑兵团。这是华北八路军的第一支骑兵,是新鲜队伍,立时成了部队的招牌幌子,不管什么军事检阅、纪念大会,头一项人们最爱看的,就是骑兵表演。

马是那样肥壮,个子毛色又整齐,人又是那样年轻,连那个热情的杨主任,也不过二十一岁。

农民们亲近自己的军队,也爱好马匹。每当骑兵团在早晨或是黄昏的雾露里从村边开过,农民们就放下饭碗,担起水筲,帮助战士饮马。队伍不停下,他们就站在堤头上去观看:

"这马儿是怎么喂的,个个圆膘!庄稼牲口说什么也比不上。"

"骑黑马的是杨主任,在前面背三件家伙的是小金子!"

"这孩子!你看他像粘在马上一样。"

小金子十七岁上参加了军队,十九岁给杨主任当了警卫员,骑着一匹从日寇手里夺来的红洋马。

远近村庄都在观看这个骑兵团。这村正恋恋不舍地送走最后一匹,前村又在欢迎小金子的头马了。

今天,队伍不知开到哪里去,走得并不慌忙,很是严肃。从战士脸上的神情和马的脚步看来,也不像有什么情况。

---

[1] 选自《白洋淀纪事》,长江文艺出版社2017年版。孙犁(1913—2002),中国现代著名小说家、散文家,"荷花淀派"的创始人。作品有《白洋淀纪事》《芦花荡》等。

忽然洞开的窗子

"是出发打仗？还是平常行军？"一个青年农民问他身边一个青年妇女。

"我看是打仗去！"妇女说。

"你怎么看得出来，杨主任告诉你了？"

"我认识小金子。你看着，小金子噘着嘴，那就是平常行军，他常常舍不得离开房东大娘。脸上挂笑，可又不笑出来，那准是出发打仗。傻孩子！你记住这个就行了。"

二

这个妇女是猜着了。过了两天，这个队伍就打起仗来，打的是那有名的英勇壮烈的一仗。敌人"五一大扫荡"突然开始，骑兵团分散作战，两个连突到路西去，一个连作后卫陷入了敌人的包围，整整打了一天。在五月麦黄的日子，冀中平原上，打得天昏地暗，打得树木脱枝落叶，道沟里鲜血滴滴。杨主任在这一仗里牺牲了，炮弹炸翻的泥土，埋葬了他的马匹。小金子受了伤，用手刨着土掩盖了主任的尸体，带着一支打完子弹的短枪，夜晚突围出来，跑了几步就大口吐了血。

这是后话。现在小金子跑在队伍的前面，轻快地行军。他今天脸上挂笑，是因为在出发的时候，收到了一件心爱的东西。一路上，他不断抽出手来摸摸兜囊，这小小的礼品就藏在那里面。

太阳刚刚升出地面。太阳一升出地面，平原就在同一个时刻，承受了它的光辉。太阳光像流水一样，从麦田、道沟、村庄和树木的身上流过。这一村的雄鸡接着那一村的雄鸡歌唱。这一村的青年自卫队在大场院里跑步，那一村也听到了清脆的口令。

一路上，大麻子刚开的紫色绒球一样的花，打着小金子的马肚皮，阵阵的露水扫湿了他的裤腿。他走得不慌不忙，信马由缰。主任催他：

"小金子同志，放快些吧，天黑的时候，我们要到石佛镇宿营哩！"

"报告主任，"小金子转过身来笑着说，"就这样走法，也用不着天黑！"

"这样热天，你愿意晒着呀？"主任说，"口渴得很哩！"

小金子说：

"过了树林，前面有个瓜园，我去买瓜！我和那个开瓜园的老头有交情，咱们要吃瓜，他不会要钱。可是，现在西瓜还不熟，只能将就着摘个小酥瓜儿吃！"

主任说：

"怎么能白吃老百姓的瓜呢？把水壶给我吧！"

递过水壶去，小金子说：

"到了石佛，我给主任去号一间房，管保凉快，清净，没有臭虫！"

他从兜囊扯出了那件东西，一扬手在马屁股上抽了一下，马就奔跑起来。

主任的小黑马追上去，主任说：

"小金子！那是件什么东西？"

"小马鞭儿！"小金子又在空中一扬。那是一支短短的，用各色绸布结成的小马鞭，像是儿童的玩具。

"你总是顽皮，哪里弄来的？我们是骑兵，还用马鞭子？"主任笑着。

"骑兵不用马鞭，谁用马鞭？戏台上的大将，还拿着马鞭打仗哩！"小金子说。

"那是唱戏，我们要腾开手来打仗，用不着这个。进村了，快收起来，人家要笑话哩！"主任说。

小金子又看了几看，才把心爱的物件插到兜囊里去，心里有些不高兴。他想人家好心好意给做了，不能在进村的时候施展施展，多么对不住人家？人家不知道费了多大工夫哩！

主任又问了：

"买的，还是求人做的？"

"是家里捎来的。"

"怎么单捎了这个来？"

"他们准是觉得我当了骑兵，缺少的就是马鞭子，心爱的也是这个。"

"怎么那样花花绿绿？"

"是个女孩子做的，她们喜欢这个颜色！"

"是你的什么人呀？"

"一家邻舍，从小儿一块长大的。"

主任没有往下问，在年岁上，他不过比小金子大两岁。在情感这个天地里，他们会是相同的。过了一刻，他说：

"回家或是路过，谢谢人家吧！"

三

五月里打过仗，小金子受伤回到家里，他饭也吃不下，觉也睡不着。

主任和那些马匹,马匹的东奔西散,同志们趴在道沟里战斗牺牲……老在他眼前转,使他坐立不安。黑间白日,他尖着耳朵听着,好像那里又有集合的号音、练兵的口令、主任的命令、马蹄的奔腾;过了一会又什么也听不见。他的病一天一天重了。

小金子的爹,今年五十九岁了,只有这一个儿子。给他挖了一个洞,洞口就在小屋里破旧的迎门橱后面。出口在前邻小胜儿家。小胜儿,就是给小金子捎马鞭子的那个姑娘。

小胜儿的爹在山西挑货郎担儿,十几年不回家了。那年小金子的娘死了,没人做活,小金子的爹,心里准备下了一堆好话,把布拿到前邻小胜儿的娘那里。小胜儿的娘一听就说:

"她大伯,你别说这个。咱们虽说不是一姓一家,住得这么近,就像一家似的,你有什么活,尽管拿过来。我过着穷日子,就知道没人的难处,说句浅话,求告你的时候正在后头哩。把布放下吧,我给你裁铰裁铰做上。"

从这以后,两家人就过得很亲密。

小金子从战场回来,小胜儿的娘把他抱在怀里,摸着那扯破的军装说:

"孩子,你们是怎么着,爬着滚着的打来呀,新布就撕成这个样子!小胜儿,快去给你哥哥找衣裳来换!"

小金子说:

"不用换。"

"傻孩子,"小胜儿的娘说,"不换衣裳,也得养养病呀!看你的脸成了什么颜色!快脱下来,叫小胜儿给你缝缝。你看这血,这是你流的……"

"有我流的,也有同志们流的!"小金子说。

母女两个连夜帮着小金子的爹挖洞,劝说着小金子进去养病养伤。

四

敌人在田野拉网"清剿",村里成了据点,正在清查户口。母女两个整天为小金子担心,焦愁得饭也吃不下去。她们不让小金子出来,每天早晨,小胜儿把饭食送进洞里去,又把便尿端出来。

那天,她用一块手巾把头发包好,两只手抱着饭罐,从洞口慢慢往里爬。爬到洞中间,洞里的小油灯忽的灭了,她小声说:"是我。"把饭罐轻轻放好,从身上掏出洋火,擦了好几根,才把灯点着。洞里一片烟雾,她看见小金子靠在潮湿的泥土上,脸色苍白得怕人,一言不发。她问:

"你怎么了?"

"这样下去,我就死了。"小金子说。

"这有什么办法呀?"小胜儿坐在那像在水里泡过的褥子上,"鬼子像在这里住了老家,不打,他们自己会走吗?"她又说,"我问问你,杨主任牺牲了?"

"牺牲了。我老是想他。"小金子说,"跟了他两三年,年纪又差不多,老是觉着他还活着,一时想该给他打饭,一时想又该给他备马了。可是哪里去找他呀,想想罢了!"

"他的面目我记得很清楚,"小胜儿说,"那天,他跟着你到咱们家来,我觉着比什么都光荣。说话他就牺牲了,他是个南方人吧?"

"离我们有九千多里地,贵州地面哩。你看他学咱这里的话学得多像!"小金子说。

小胜儿说:

"不知道家里知道他的死讯不?知道了,一家人要多难过!自然当兵打仗,说不上那些。"

小金子说:

"先是他同我顶着打,叫同志们转移,后来我受了伤,敌人冲到我面前,他跳出了掩体和敌人拼了死命。打仗的时候,他自己勇敢得没对儿,总叫别人小心。平时体贴别人,自己很艰苦。那天行军,他渴了,我说给他摘个瓜吃,他也不允许。"

"为什么,吃个瓜也不允许?"小胜儿问。

"因为不只他一个人呀。我心里有什么事,他立时就能看出来。也是那天,我玩弄你捎给我的小马鞭儿,他批评了我。"

"那是闹着玩儿的,"小胜儿说,"他为什么批评你哩?"

"他说是花花绿绿,不像个战士样子,我就把马鞭子装起来了。可是,过了一会,他又叫我谢谢你。"

"有什么谢头,叫你受了批评还谢哩!"小胜儿笑了一下,"我们别忘了给他报仇就是了!你快着养壮实了吧!"

五

小胜儿从洞里出来,就和她娘说:

"我们该给小金子买些鸡蛋,称点挂面。"

娘说:

"叫鬼子闹的,今年麦季没收,秋田没种,高粱小米都吃不起,这年头摘摘借借也困难。"

小胜儿说:

"娘,我们赶着织个布卖了去吧!"

娘说:

"整天价逃难,提不上鞋,哪里还能织布?你安上机子,知道那兔羔子们什么时候闯进来呀?"

"要不我们就变卖点东西?人家的病要紧哩!"小胜儿说。

"你这孩子!"娘说,"什么人家的病,这不像亲兄弟一样吗?可是,咱一个穷人家,有什么可变卖的哩,有什么值钱的物件哩?"

小胜儿也仰着脖子想,她说:

"要不,把我那件袄卖了吧!"

"哪件袄?你那件花丝葛袄吗?"娘问着,"哪有还没过事,就变卖陪送的哩?"

小胜儿说:

"整天藏藏躲躲的,反正一时也穿不着,不是埋坏了,就是叫他们抢走了,我看还是拿出去卖了它吧!"

"依我的心思呀,"娘笑着说,"这么兵荒马乱,有个对事的人家,我还想早些打发你出去,省得担惊受怕哩!那件衣裳不能卖,那是我心上的一件衣裳!"

"可是,晚上,他就没得吃,叫他吃红饼子?"小胜儿说,"今儿个是集日,快拿出去卖了吧!"

到底是女儿说服了娘,包起那件衣服,拿到集上去。集市变了,看不见年轻人和正经买卖人,没有了线子市,也没有了花布市。胜儿的娘抱着棉袄,在十字路口靠着墙站了半天,也没个买主。晌午错了,才过来个汉奸,领着一个浪荡女人,要给她买件衣裳。小胜儿的娘不敢争价,就把那件衣裳卖了。她心痛了一阵,好像卖了女儿身上的肉一样。称了一斤挂面,买了十个鸡蛋,拿回家来,交给小胜儿,就啼哭起来。天还不黑就盖上被子睡觉去了。

小胜儿没有说话,下炕给小金子做饭。现在天快黑了,她手里劈着干柳树枝,眼望着火,火在她脸上身上闪照,光亮发红。她好像看见杨主任的血,看见小金子苍白的脸,看见他的脸慢慢变得又胖又红润了。她小心地把饭做熟,早早地把大门上好,就爬到洞口去拉暗铃。一种微小的柔软的声音,在地下响了。不久,小金子就钻了出来。

这一顿饭,小金子吃得很多,两碗挂面四个鸡蛋全吃了,还有点不足心的样子。吃完了饭,一抹嘴说:

"有什么吃什么就行了,干什么又花钱?"

"哪里来的钱呀,孩子,是你妹子把陪送袄卖了,给你养病哩!卖了,是叫个好人穿呀!叫那么个烂货糟蹋去了,我真心痛!你可别忘了你妹子!"小胜儿的娘在被窝里说。

"我们这是优待八路军,用不着谢,也用不着报答!"小胜儿低着头笑了笑,收拾了碗筷。

小金子躺在炕上。小胜儿用棉被把窗子堵了个严又严,把屋门也上了。她点起一个小油灯,放在墙壁上凿好的一个小洞里,面对着墙做起针线来,不住尖着耳朵听外面的风声。

在冀中平原,有多少妇女孩子在担惊,在田野里听着枪声过夜!她回过头来说:

"我们这还算享福哩,坐在自己家里的炕上——怎么你们睡着了?"

"大娘睡着了,我没睡着。"小金子说,"今天吃的多些,精神也好些,白天在洞里又睡了一会,现在怎么也睡不着了。你做什么哩?"

"做我的鞋,"小胜儿低着头说,"整天东逃西跑,鞋也要多费几双。今年军队上的活,做的倒少了。"

"像我整天钻洞,不穿鞋也可以!"小金子说。听着他的声音,小胜儿的鼻子也酸了,她说:

"你受了伤,又有病,这说不上。好好养些日子,等腿上有了力气,能走长路了,就过铁道找队伍去。做上了我的,就该给你铰底子做鞋了!"

小胜儿放下活计,转过身来,她的眼睛在黑影里放光。在这样的夜晚,敌人正在附近村庄放火,在田野、村庄、树林、草垛里搜捕杀害冀中的人民……

一九五〇年一月十九日

/ 思考 /

1. 文章看完,你明白小金子遭遇了一场怎样的战斗了吗?
2. 故事中英勇打仗的是八路军战士小金子,可文章的题目为什么是"小胜儿"呢?

/ 荐读 /

在激烈残酷的抗日战争中,冀中地区的人民虽然承受着深重的灾难,但也为抗战做出了重大的贡献。《白洋淀纪事》所写的就是那个时代,白洋淀地区普通人家的抗日故事,是平常的生活,也是传奇。

书　　名:白洋淀纪事
作　　者:孙犁
出版信息:长江文艺出版社 2017 年版

西 湖[1]

巴 金

/导读/ 画桥烟柳、水波潋滟的西湖，留给巴金的，又是怎样不可磨灭的记忆呢？

一年过去了。我又来到，还是在四月。这次我住在另一家旅馆里，也还是一间带阳台的屋子，不过阳台小一些。房间面对西湖，不用开窗，便看见山、水、花、树。白堤不见了，代替它的是苏堤。我住在六楼，阳台下香樟高耸，幽静的花园外苏堤斜卧在缎子一样的湖面上。还看见湖中的阮公墩、湖心亭，和湖上玩具似的小船。

我经常在窗前静坐，也常在阳台上散步或者望湖。我是来休息的。我的身体好比一只弓，弓弦一直拉得太紧，为了不让弦断，就得让它松一下。我已经没有精力"游山玩水"了，我只好关上房门看山看水，让疲劳的身心得到休息。

我每天几次靠着栏杆朝苏堤望去，好像又是在堤上从容闲步。六十年代头几年我来杭州，住在花港招待所，每逢晴明的早晨都要来回走过苏堤。苏堤曾经给我留下深的印象，五十年前我度过一个难忘的月夜，后来发表了一篇关于苏堤的小说。有时早饭后我和女儿、女婿到苏堤上消磨一段时间。更多的时候我站在栏杆前，我的眼光慢慢地在绿树掩映的苏堤上来回移动。忽然起了一阵风，樟树的香气吹到我的脸上，我再看前面明净的湖水，我觉得心上的尘埃仿佛也给吹走了似的。

要是早晨雾大，站在阳台上，不但不见湖水，连苏堤也消失在浓雾中，茂密的绿树外只有白茫茫的一片。

---

[1] 选自《随想录》，作家出版社2009年版。巴金(1904—2005)，原名李尧棠，中国作家、翻译家、社会活动家。作品有《家》《随想录》等。

很多人喜欢西湖。但是对于美丽的风景,各人有各人的看法。全国也有不少令人难忘的名胜古迹,我却偏爱西湖。我一九三〇年十月第一次游西湖,可是十岁前我就知道一些关于西湖的事情。在幼小的脑子里有一些神化了的人和事同西湖的风景连在一起。岳王坟就占着最高的地位。我读过的第一部小说就是《说岳全传》。我忘不了死者的亲友偷偷扫墓的情景。后来我又在四川作家觉奴的长篇小说《松岗小史》中读到主人公在西湖岳王墓前纵身捉刀的文字,仿佛身历其境。再过了十几年我第一次站在伟大死者的墓前,我觉得来到了十分熟悉的地方,连那些石像、铁像都是我看惯了的,以后我每次来西湖,都要到这座坟前徘徊一阵。有一天下午我在附近山上找着了牛皋的墓,仿佛遇到多年未见的老朋友,于是小说中"气死金兀术"的老将军,舞台上撕毁圣旨的老英雄各种感人的形象一齐涌上我的心头。人物、历史、风景和我的感情融合在一起,活起来了,活在我的心里,而且一直活下去。我偏爱西湖,原因就在这里。岳飞、牛皋、于谦、张煌言、秋瑾……我看到的不是坟,不是鬼。他们是不灭的存在,是崇高理想和献身精神的化身。西湖是和这样的人、这样的精神结合在一起的,它不仅美丽,而且光辉。

五十二年来我到西湖不知多少次。我第一次来时,是一个作家,今天我还是作家,可见我的变化不大。西湖的变化似乎也不太大,少了些坟,少了些庙,多了些高楼……人民的精神面貌是有过大的变化的。我很想写一部西湖变化史,可惜我没有精力做这工作。但记下点滴的回忆还是可以的。说出来会有人感到不可理解吧,我对西湖的坟墓特别有兴趣。其实并不是对所有的墓,只是对那几位我所崇敬的伟大的爱国者的遗迹有感情,有说不尽的敬爱之情,我经常到这些坟前寻求鼓舞和信心。

有一个时期我到处寻找秋瑾的"风雨亭"。她是我们民族中一位了不起的女英雄,即使人们忘记了她,她也会通过鲁迅小说中的形象流传万代。三十年代我写短篇《苏堤》时,小说中还提到"秋瑾墓",后来连"秋风秋雨愁煞人"的风雨亭也不见了,换上了一座矮小的墓碑,以后墓和碑又都消失了,我对着一片草坪深思苦想,等待着奇迹。现在奇迹出现了,孤山脚下立起了巾帼英雄的塑像,她的遗骨就埋在像旁,她终于在这里定居了。我在平凡的面貌上看到无穷的毅力，她挂着宝剑沉静地望着湖水，她的确给湖山增添了光彩。

有一个时期我寻找过于谦的墓，却找到一个放酱缸的地方。当时正在岳王庙内长期举办"花鸟虫鱼"的展览，大殿上陈列着最引人注目的展品——绿毛龟。我和一位来西湖养病的朋友谈起，我们对这种做法有意见，又想起了三百多年前张煌言的诗句。苍水先生抗清失败，被捕后给押送杭州，在杭州就义。他写了两首《入武林》，其中一首的前四句是：

> 国破家亡欲何之，
> 西子湖头有我师。
> 日月双悬于氏墓，
> 乾坤半壁岳家祠。

我同朋友合作，借用了三、四两句把它们改成"油盐酱醋于氏墓，花鸟虫鱼岳家祠"。我们看见的就是这样。

又过了若干年之后，今天我第若干次来到西湖，"于氏墓"的情况我不清楚，"岳家祠"给人捣毁之后又重新修建起来，不仅坟前石像还是旧日模样，连堂堂大宰相也依然长跪在铁栏杆内。大殿内、岳坟前瞻仰的人络绎不绝，如同到了闹市。

看来，岳王坟是要同西子湖长存下去的了。

四月二十八日

/ 思考 /

1. 与常见的描绘西湖之景的文章相比，巴金的这一篇有哪些不一样的地方呢？
2. 建议你查找相关资料，进一步了解文中提到的历史人物和相关的事迹。

/ 荐读 /

　　岳飞的故事在南宋时期就已经广为流传,而清朝康熙年间成书的《说岳全传》可谓是各种版本的岳飞故事的集大成之作。巴金在《西湖》一文中说,他读过的第一篇小说就是《说岳全传》。读一读吧,你一定会被跌宕的情节和感恻的故事震撼。

书　　名:说岳全传
编　　次:[清]钱彩
增　　订:[清]金丰
出版信息:凤凰出版社 2017 年版

黄河与扬子江对话[1]

郭沫若

/导读/ 黄河与扬子江何时相识,又在哪里重遇?他们交谈起来,彼此会说些什么呢?

黄河与扬子江流贯了中华之后,同会于黄海。

他们最近在黄海的中央彼此谈起话来。

黄　河　扬兄弟,久违了呢。

扬子江　哦,黄兄,你也到了这儿吗?我们真的久违了呢!我们自从昆仑山下一别后,你取道北边,我取道南边,我们没有想出在这儿再会。

黄　河　啊,说起来真痛心极了。你不知道住在北边的人好苦。我自从通过了黄土之后,便带了一身血水出来。他们这几年来没有一天不在流血。他们头上顶着些甚么"毒菌",更还有许多数不清的甚么"菌队"。这些"毒菌"和"菌队"无日无夜都在毒杀他们,他们的血液流得遍地都是;连我也被他们的血液充满了。啊,我真哀怜他们。

扬子江　唉,黄兄,南边又不是一样吗?你看,我的一身不也是血液吗?我流到四川的时候,还受过些人们的眼泪,他们的血液是被本身的"毒菌"和外来的"菌队"吸完了,他们只剩得些清淡的眼泪在流。我流出四川来,洞庭湖送我一摊血水,鄱阳湖也送我一摊血水,沿途是血水流来,我的一身都弄得血腥臭了。那些"菌队"和"菌队"们为争食人肉分赃不平,他们在人头上打起仗来真是厉害,死的人真是不少!你不看我带了许

---

[1]选自《现代名家经典·郭沫若卷》(第四辑),新世纪出版社1998年版。郭沫若(1892—1978),中国现代文学家、历史学家、新诗奠基人之一。作品有《凤凰涅槃》《炉中煤》等。

多尸骸出来了吗？

黄　河　唉,我才没想出,"赤县"的命名就是这样的意义！我听说,古时候这中国叫做"赤县"。原来就是流血不断的,一片被血染红了的土地呀！中国的历史是一部流血的历史,自我看见他有历史以来,他的血的确是没流断过,他这"赤县"的名称真是适合呀！

扬子江　住在这中国的人民古时候也曾繁荣过一时。他们出过些伟大的思想家、伟大的艺术家。这些人费尽了不少的心血在中国的历史上开过一片鲜红的花来；所以这一片的大陆才叫做"中华",又才叫做"赤县"。可怜到了现在,花是凋谢了,只成了一片脓血的世界！可怜,可怜,可怜那一大族的人民才为么魔的"毒菌"们所扰！我不知道他们有手有力,为什么不把那头上的细菌们扫去？

黄　河　我想来也是他们自己讨得的。他们好像把他们古代的思想误解了,或者是受了些囫吞外国的思想不能消化的毒。他们古人叫人"非战",这是叫人反对那不义的战争,他们竟连对于恶魔的义战也要反对了。他们古人高唱过"爱的哲学",这是只限于人类爱而言,他们竟把它扩展到爱害虫、爱恶魔的上面去了。他们见了蛇是不敢打的,还有的把它当成菩萨。他们是蚊蚋、苍蝇、臭虫、蚤虱的好朋友,他们是不想根本除绝这些好朋友的。他们的禾稼只好任蝗虫糟蹋。他们生了病,只好向菩萨求怜……

扬子江　你还不曾知道,近来还出了一群畸形儿。他们怕见流血,他们怕采取直接行动去驱除那些"毒菌",他们竟向那"毒菌"求怜,希望它生出些人心来呢！

黄　河　啊,他们的毒还没有受够！

扬子江　他们在人们头上替"毒菌"做培养基。他们叫人们向"毒菌"去叩头,求它把"菌队"减少一点,毒素减少一点。这些畸形儿真比那泥塑木雕的菩萨还要险恶：他们不知道把人们的杀菌的力量减弱了多少！他们这些畸形儿都是为虎作伥的大害虫,这是一定要除掉才行的！据我想来,他们人们要想多活些年辰,而且是幸福的年辰,要想自己的儿孙过些幸福的生活,他们是非大流血一次不可！他们硬要施行大手术牺牲一切和"毒菌"们作战,硬要用剧烈的消毒药把那"菌队"们扫除得干干净净,然后才有希望!不消说一切姑息的手段,一切求神拜佛的行为,一切求端工信符咒的迷信,都非扫荡不可!就是一切欺人骗人的偶像,谈鬼话的男巫、女巫,都要消毁得个干干净净,不许他们有一些儿的根蒂留存!黄兄,你觉得我的话怎么样?

黄　河　扬兄弟,你是不错。我年纪老了,只是哀怜他们。你是比我年青得多,你能替他们想出个办法来解救。我看,我们两个还是到人间去宣传一下吧?

扬子江　这是当然的。我们现在只好做到这一点。我们向他们宣传,叫他们由内发作,叫他们取直接的自由行动。我们把他们的迷梦唤醒了。再看今后的世界如何。

　　他们把话谈完了之后,合为一体;把一半的合体化为蒸汽飞向太空。
　　他们用间接的暗示来提醒人们。
　　他们用直接的声舌呼来唤醒人们。
　　他们化成雪,化成雹,飞打下来;这是暗示人们说:"你们快造些榴散弹来打在'毒菌'们的头上来吧!"
　　他们泛成浮云,激成电光;这是暗示人们说:"你们快如陈涉、吴广一样揭竿为旗,丛祠篝火,直接和'毒菌'们作战!"
　　他们又鼓荡出雷声,直接唤醒人们:"动哟!直接行动!动……"
　　大风也在替他们声援,放开喉嗓,在人们头上叫道:
　　"杀!杀!杀!……"
　　他们见人们不动,又流起眼泪,降下滂沱大雨来哭醒他们。
　　不久之间人们总有自动的势子要起了。
　　其余的一半在浩莽莽的大黄海中,无日无夜,鼓荡出一片澎湃的歌声。
　　那歌声沿着黄河扬子江而上,又顺流而下;
　　更沿着黄河扬子江的一切支流而上,又顺流而下;
　　就这样,那澎湃的歌声传遍了中国:

忽然洞开的窗子

人们哟！醒！醒！醒！
你们非如北美独立战争一样，
自行独立，拒税抗粮；
你们非如法兰西大革命一样，
男女老幼各取直接行动，
把一大群的路易十六弄到断头台上；
你们非如俄罗斯无产专政一样，
把一切的陈根旧蒂和盘推翻，
另外在人类史上吐放一片新光；
人们哟，中华大陆的人们哟！
你们是永远没有翻身的希望！

人们哟，醒！醒！醒！
已往的美与法——是十八世纪的两大革命，
新兴的俄与中——是二十世纪的两大革命。
二十世纪的中华民族大革命哟，
快起！起！起！
快在这二十世纪的世界舞台上别演一场新剧！
人们哟，莫用永在泪谷之中欷歔！
你们把人权恢复之后，
人类解放的使命，世界和平的使命，
要望你们二十世纪的两个新星双肩并举！
人们哟，起！起！起！

1922年7月12日于日本

/ 思考 /

1. 这篇文章写于1922年，请你试着查找相关的历史资料，了解文中

54

的"菌队"和"毒菌"有什么含义。

2. 诗人对黄河、扬子江谈话之后情景的叙述,表达了怎样的思想情感?

/ 荐读 /

"你从雪山走来,春潮是你的风采;你向东海奔去,惊涛是你的气概……"20世纪80年代,一部关于长江沿岸地理和人文的纪录片《话说长江》,反响热烈,深受好评。《话说长江》这本书就是当年那部纪录片的解说词,它用散文的笔触讲述了长江源远流长的传奇。

书　　名:话说长江
作　　者:中央电视台《话说长江》摄制组
出版信息:上海科学技术文献出版社2006年版

海对面的"心之故乡"[①]

唐 晋

/导读/ 在漫长的古代岁月里,日本将海对面的文明古国称作为"心之故乡"。

由于日本与大陆隔绝,孤立闭塞,来往困难,因此其文明的开化时间要晚于临近的大陆民族。尽管日本人被普遍认为是一个善于学习和借鉴的民族,但与其他民族相比,日本文化中还是具有更多的具有本民族特色的东西。这不单纯缘于地域上的与世隔绝,也因为日本民族对外来事物具有特殊的敏感和警惕。尽管如此,一衣带水、两千多年的友好往来,这种由地缘和历史融合而成的厚厚的积淀,使中日两大民族在政治、经济、文化、宗教、风俗等方面,相互影响,彼此滋润。特别是在漫长的古代岁月里,日本只同近邻的中国和朝鲜保持了较多的联系。直到日本的明治维新之前,中国始终是东亚乃至整个亚洲最先进的国家。中华悠久的文明如同一块巨大的磁石,强烈地吸引着周边的众多国家和民族,其中当然也包括居于亚洲东北一隅的日本。日本被长期笼罩在中华文明的光环之下,中华文明成为它汲取智慧和养分的重要源泉。那时的日本人称中国为"心之故乡"。

日本对中华文明的吸收和融合是多方面的、长期的历史过程。汉字和汉文、儒学、佛教、律令制度和生产技术都是日本学习和借鉴的主要内容。中日文化交流有文字记载的历史,至少有两千多年。中国最早的地理名著《山海经》中已有"倭属燕"的记载,写于公元1世纪的《汉书·地理志》有中日交往的最早记载,公元3世纪的《三国志》更包含了日本列传,

---

[①] 选自《大国崛起》,人民出版社2006年版。唐晋,1966年生,中国现代作家,作品有《宋词的覆灭》《玄奘》《唐朝》等。

详细记述了日本列岛风俗人情和中日往来的史实。

3世纪末期,中国的儒学思想和佛教文化先后传入日本,对日本以后的发展起到了文化启蒙的重要作用。如太宰春台所说,日本从儒学中懂得了先进文明的道德准则,"中华圣人之道行于我国,天下万事皆学中华,我国人始知礼仪,悟人伦之道,弃禽兽之行"。4世纪中叶,为了掠夺财富和扩张疆域,日本开始涉足朝鲜半岛,但多次出兵尝试均遭失败。这使日本朝廷认识到了自身的差距,从而更加坚定了通过吸收先进文明以壮大本国实力的决心。于是从公元4、5世纪之交的应神天皇时代开始,日本加紧了学习中华文化和引进物质文明成果的步伐。在此阶段,大量大陆移民在日本政府的招请下来到日本,使得中华文化得以广泛传播。无数事实证明,日本国家统治机构的完备、经济的发展、国力的增强,无不与这些大陆移民有密切关系。也正是在中华文明的巨大影响下,日本到公元4至5世纪渡过了野蛮阶段,进入了文明阶段。

公元589年,隋朝统一了中国,结束了自东汉末年以来中国近4个世纪的分裂动乱,社会经济文化迅速发展。当时日本正值推古天皇在位（593—629年）,摄政的圣德太子励精图治,锐意改革,为了直接吸取中国的先进文化,他先后4次向中国直接派出"遣隋使",充分显示了积极主动的态度和以人为师的诚意。日本也因此成为最早派人到中国留学的国家。公元618年,随着唐朝灭隋,中华帝国进入了鼎盛时期,迅速呈现出经济文化空前繁荣的景象,令东亚各国羡慕不已,对包括日本在内的亚洲各国都产生了巨大的吸引力。日本朝野上下对中华文明更加仰慕向往,出现全面学习模仿中国的热潮。据记载,公元630—894年,在大约两个半世纪的时间里,日本共向唐朝派遣了十几次遣唐使,随行的还有众多留学生和留学僧。其次数之多、规模之大、时间之久、内容之丰富,可谓中日两国交流史上的空前盛举。为了更好地达到学习中国的目的,保证最大限度地完成使命,遣唐使团集中了当时日本外交、科技、艺术、宗教、军事等方面的优秀人才,每个成员都是经过严格选拔的饱学之士或有高超技艺者。他们把从大唐学得的先进文化和技术带回日本。多数人回国后都被委以重任,尽其所学,对日本的政治制度、法律、宗教、教育、文学、艺术、历法以及衣食风俗等各方面都产生了广泛而深远的影响,为推动日本社会的发展和促进中日友好交流做出了巨大贡献。

公元645年,日本孝德天皇重用从唐朝归来的留学生高向玄理,留学僧僧旻、灵云、惠云等人,仿照中国唐朝的政治制度,在日本实行改革,史称"大化改新"。这是日本历史上具有重要意义的革新之一。经过大化改新之后,日本确立了以唐朝三省六部制和郡县制为蓝本的中央官制和国、郡、县三级地方行政体系,以均田制为蓝本的"班田收授法",以府兵制为蓝本的"防人制"军事体制和以唐律为蓝本的律令体系,形成了以天皇制为核心的中央集权的封建国家体制。特别是此后颁布的《大宝律令》,在法律上肯定了大化改新的成果,被认为是日本史上趋于完备的一部成文法典,在以后的数百年间一直得以沿用。据考察,在大化改新所颁布的律令中,与唐朝律令相同、相似的条文多达420余条。难怪日本学者桑原骘藏认为:"奈良至平安时期,吾国王朝时代之法律无论形式与精神上,皆依据唐律。"所谓"奈良至平安时期",也就是公元8世纪至12世纪末期左右,大致相当于唐玄宗至南宋孝宗前后。

在众多的日本留学生中,吉备真备和阿倍仲麻吕堪称是最杰出的代表。吉备真备在唐留学17年,精研经史,博学多闻。734年他携带中国典籍1 700多部归国,在太学教授中国律令和典章制度,深受日本圣武天皇的重视,官至右大臣。吉备真备最重要的历史功绩之一是利用汉字偏旁创造了日本表音文字——片假名,从此,日本有了自己的文字。后来,留学僧空海(弘法)又利用汉字行书体创造了日本行书假名——平假名。这对于日本的文化传承无疑具有至关重要的作用。阿倍仲麻吕19岁赴唐进国子监学习,因成绩优异而中进士,被唐玄宗赐以"朝衡"之名,即为晁衡。他毕生致力于研究中国文化,精通汉学,尤其擅长诗文,与大诗人李白、王维交往甚密。在惊闻晁衡突然去世的消息后,李白悲痛不已,做诗《哭晁卿衡》以示悼念,字里行间无不流露出李白对异国友人的无限哀思:

日本晁卿辞帝都,征帆一片绕蓬壶。

明月不归沉碧海,白云愁色满苍梧。

/ 思考 /

1. 通过阅读这篇文章,你对中国传统文化的传承又有了哪些更深的认识?

2. 梳理一下,中华文明在哪些方面对日本的发展产生过重大的影响。建议设计一张表格,将梳理的内容清晰地展现出来。

/ 荐读 /

习近平总书记在纪念孙中山先生诞辰150周年大会上说:"历史的车轮滚滚向前,跟不上的人必将成为落伍者,必将被历史所淘汰。历史只会眷顾坚定者、奋进者、搏击者,而不会等待犹豫者、懈怠者、畏难者。"在中国的复兴和崛起成为不争事实的今天,我们又该如何从历史大国的变迁中获得有益的借鉴?这本《大国崛起》会给我们很多答案。

书　名:大国崛起
作　者:唐晋
出版信息:人民出版社2006年版

牛素云之死[1]

林语堂

/导读/ 是损失财产,还是丧失性命?牛素云陷入了进退两难的境地。

素云还住在天津,一天,日本人找她去日本特务机关。特务机关属于日本军部,和关东军土肥原主持的特务机关,往往龃龉不和。

素云进去时,一个年约四十岁的日本人坐在办公室里。他的脸圆而骨头突露,大圆头剃得精光,留着小黑胡子,没戴眼镜。不戴眼镜这在日本人里不多见。笼统说来,脸上流露出聪明,使人感觉愉快。他说的中国话勉强可以,还夹杂一点很难听的英语和俄语。

素云知道找她来此处的原因。她在日本租界开了几家饭店,还有财产,并且是毒枭的首领,已有数年之久,日本人对取得她的合作,是深信不疑的。去年她被释放之后回到天津,日本当局都知道她的案子。她捐赠了五十万元给禁烟局,日本人认为那是纳贿,是释放的代价。因为她在北平的其他公司也被搜查过,日本人认为那是因为她运气坏,并不相信禁烟局对她有好感,或是她对禁烟局有好感。她还一直过以往的日子,显然是不得已,不敢真按着自己的想法做。不过她对自己的事业不像以前那么热衷发展,只要维持就满意了。

那个日本军官很客气,对她说:"牛小姐,请坐。你长期跟我们合作,我们很感激。我现在有点儿事情给你做。我们对于你把全部的钱都存在我们日本银行,也要向你道谢……现在我们谈事情。现在我们日本租界,有不少饭店是你开的,每个饭店都有些舞女。你回去挑十二个到十五个最聪明最漂亮的,带着她们来见我,我有什么事情再吩咐她们。我们特务

---

[1] 选自《京华烟云》,湖南文艺出版社2016年版。林语堂(1895—1976),中国现代著名作家、学者、翻译家、语言学家。作品有《生活的艺术》《老子的智慧》等。

机关需要她们帮忙。当然我们忘不了你,我让你做她们的首脑儿。挑中国人、高丽人、白俄。每个月每人薪金两百块钱,最聪明的可以高到五百块……特别费用另给。这清楚了吧?"

素云并不觉得意外,她并不愿做;但是在目前的情形之下,她知道她必须遵办,不然会丧失了财产,甚至会丢了命。

她说:"好,我一定尽力办理。"

日本军官站起来,和她很热诚地握手。素云也表示热诚,可是心里真有点恶心。

她回到家里,焦躁不安地把当前的问题思索了一遍。做鸦片烟生意赚钱和这个自然不同。她已经不知不觉溜进了那一行,也难再改行。但是现在已经打起仗来,是日本和自己同胞之间的战争。

她要不要做日本的间谍害自己的同胞呢?她恨自己,恨自己的事业,恨自己的整个的环境,这种恨变成了恨日本人,因为自己现在被日本人抓在掌心里。必须要做个决定。她或是豁出自己的财产被日本没收,金钱一扫而光,或是向日本屈服,服从做汉奸。"汉奸"这个名词现在哪儿都有,每天都有逮捕的消息。自己将来落个什么结局呢?为敌人效忠,即使能保住一条命,将来又得到什么好处?钱,她已经有了不少。她若被捕枪毙怎么办?她的神经紧张起来。

这时姚老先生的话又在她耳边响了:"战争发生的时候,可要记着你是中国人。"那位老先生怎么会未卜先知呢?他真是个仙人吗?最不能忘的是暗香的小儿子的问话:"你是中国人吗?你为什么帮着日本人呢?"

她决定虚与委蛇,到有机会能抢救一点儿财产,就神不知鬼不觉地逃走。她约了几个舞女,其中只有两三个中国人。一个断然拒绝她说:"我要钱,但是卖国,我不干!"其他大都是高丽和白俄舞女。第二天,她带着那几个舞女到特务机关,让那个日本首长去过目。因为她做事迅速,备受赞扬。另外那几个舞女走了之后,日本军官让她留下。

日本军官问她:"牛小姐,你是一位中年女士,我对你十分信任。战事就要发生了,你当然知道。半个月以后,日本兵就要进北平。我们已经把北平包围起来。我们一定要用最能干的人才,你的职务就是调查二十九军军官的政治立场。我们希望不流血而获胜,至少要牺牲越少越好。我们和张自忠、潘毓桂已经有接触。可是你是个中国女人,你能得到内幕消息,别人是不易得到的。挑两个最漂亮的小姐献给张自忠做礼品,但不要说是我们送的,说是你送的,让她俩在里面下功夫——你懂吗?另外几位小姐我派她们到中国地区,英租界和法租界做工作。"

素云准备到北平去。她到日本银行,提出三万块钱,不敢多提,恐怕招日本当局注意。她带着两个高丽小姐到北平,住在东交民巷一家外国饭店里。

黛云已经听说她这个异母同父的姐姐的被捕,后来由于姚家帮忙才得释放,已经到天津去看过她,赞美她决心改邪归正,并且劝她洗手不干,越早越好。现在素云走投无路,自然而然想起黛云。怪的是,自从她离开吴将军之后,怀瑜完全自己混,不再理她了。她知道她若向黛云问主意,黛云会说什么话,可是不由得还是去和她一谈。因为黛云和怀瑜的太太、孩子是这个世界上她仅有的亲人了。

在七月半,她到了妹妹家。怀瑜的太太对她尽管客气,却难掩冷淡。那几个侄子也不知道对她有何观感。她把黛云拉到一边说:"我有话跟你说。咱们的父母已经不在,咱们都到了这个年纪,怀瑜已经不算我的哥哥。你知道,自从他的事业和我的事业发生了冲突,我俩争吵过。"

黛云说:"他也在北平呢。"于是把怀瑜到家来的一幕丑剧笑着说了一遍。

素云微笑说:"我也是汉奸。"

黛云说:"真正的汉奸自己不说。自己肯说的不是汉奸。"

"我说正经话。我要和你说一下……"

黛云喊说:"你也是卖国贼? 你来收买我,是不是?"

素云连忙叫她低声。"我求你给我忠告,在这个世界上没有别人给我出主意。我现在的境况这个样子。我还不如死了好!"

她把损失财产和丧失生命的进退两难的情形,向黛云说了个大概。

素云说完,黛云说:"噢,是这样! 再简单不过。你是不是中国人? 问题就在这儿。姐姐,只有一条路走。中国人怎么能帮着敌国害自己的同胞呢? 即使你比你现在还富有,那又有什么好处? 十之八九你要枪毙。既然你对我这么真诚,我也应当对你真诚。有个爱国锄奸团,哪儿都有他们的人。我就是其中的一个。姐姐,你若跟着小日本跑,我可要亲手把你毙了。你要人家在你脑袋上穿个窟窿吗?"

黛云说着大笑,虽然她的话够威胁,态度仍很亲热。

素云又问:"你认为我应当怎么办?"一副很忧愁、很害怕的样子。

"怎么办?当个爱国英雄!问题是你恨不恨日本人。你没看见每个中国人,每个男人、每个女人、每个孩子们都反日吗?你看不出来中国一定会胜吗?×日本鬼子的妈!×汉奸的妈!你看不出来我快乐、你不快乐吗?"

黛云说这种脏话,素云听了觉得真好笑。黛云的精神振奋得使素云吃惊。

"中国能打胜吗?"

"当然——毫无疑问。咱们也许都死光,但是死也和中国人死在一块儿。"

"你若死,和中国人死在一块儿,难道你一定死得快乐?"

"当然我快乐,你还看不出来?"

素云觉得一种新奇的感觉在心中激荡。快乐的感觉和她生疏好久了,而且从来没听谁说抱着这种爱国必死的心会快乐。

她自己小声说:"快乐,快乐。"似乎是要体会一下这个字眼的意思,看看自己还能不能感觉。于是她说:"妹妹,我希望一直和你在一块儿。我四周围都是妖魔鬼怪。我真恨日本鬼子,还有那些中国同事!"

"你恨他们?"

素云说:"我恨他们。"过了片刻,她又说:"看见他们就恶心!"

"那么逃到中国这边来。咱们在一块儿吧。"

"你刚才说你在锄奸团?"

"是啊。这是一个秘密组织。你若帮助我,我和你一块儿到天津去,拿枪先干掉几个日本特务。"

素云突然怕起来,软作一团,哭着说:"我怕死!"

黛云的眼睛光芒照人。她说:

"嘿!现在就是爱国的好机会。我带我们几个同志,和你到天津,咱们搜集点儿日本的秘密。我扮作间谍。你就是爱国的英雄。为什么怕死?"

黛云快乐昂扬的勇气感动了,甚至感染了姐姐,打开她心里一个以前未曾有的新境界。在她精神上的空虚冷落的情形之下,她就贴近妹妹,抓住不放,就在妹妹跟前,做了一项重大的决定。

素云要和黛云、国璋、陈三一同到天津。黛云要以妹妹的身份由素云介绍给日本特务机关。素云要留在日本租界,和日本特务机关接触,她得到什么情报就传给中国地区。同时,她分期从日本银行提出自己的存款,一次提出两三千,免得启人疑窦。

每隔两三天,素云就到日本特务机关去一次。她得到了玲玲的帮助,就是上次说不肯做汉奸帮助日本人的那个舞女,她起誓保守秘密。第一天,素云把黛云介绍给日本特务机关长。特务机关长看着黛云有点怀疑,素云说黛云是她妹妹。黛云这样就知道了所有的秘密的信号,又得了一个通行证,可以自由通过卫兵的岗哨。

的确很怪,好多日本特务,其中包括素云以前物色的几个舞女,不是遭人暗杀,就是神秘失踪了。

一天,素云到特务机关去,特务机关长问她:"你知道中国锄奸团吗?我们的特务人员遇到的凶险太多了。一定什么地方出了纰漏。我警告你,你要特别小心。可是,我顺便问你一下,你由北平回来之后,为什么七月十号在银行支出三万块钱,七月十六号支出五千,十八号又支出两千?"素云泰然自若,回答说:"这些日子情形很乱。谁不提钱准备急用?那三万块钱是付由大连运来的吗啡。我可以给你账单看。"

"噢,我只是叫你小心点。"

素云假装玩笑说:"机关长,我这件事酬劳多少?我至少一月要一千块。我若能收买了张自忠反叛南京政府,那什么价钱?"

"算了吧,你要钱干什么?你已经是个百万富婆了。"

"我若不为钱,那你想我为什么干这个?"

"好吧,一千一个月。特别任务另发奖金。你想花五十万能不能收买张自忠?"

"我试试看。"

这段对话算暂时把特务机关长的猜疑压下去。但是素云不再从日本银行取钱,开始尽可能以现金收账,因为一切支票都要经过日本银行。她又告诉黛云不要再到日本租界去。

现在平津情势越发危急。二十八号激烈战事爆发,日本飞机开始轰炸平津铁路沿线的中国驻军,并在北平前线增兵。

素云传递过重要情报,那就是日本驻屯军已减到仅仅两千多人,大部分的兵已经被派往前线,这件情报由中国舞女玲玲传给陈三,陈三住在中国控制的地区。

根据这个情报,陈三和天津的保安队计划向天津日本租界突击。他们知道第二天在冀东通州敌伪组织的"冀东防共政府"的保安队要起义,那批军队是日本人训练装备的。再者,又有国军要全线反攻的消息,还有丰台和廊房已由国军夺回的消息,于是他们就决定了一个把日本人全部驱逐出天津的大胆计划。

在七月二十九日夜里两点钟,天津市内战争开始。中国辖区整天遭受炮击和空军轰炸。郊区的南开大学遭受猛烈轰炸,几乎被夷为平地。市区大火蔓延,无法扑灭。

十一点钟,素云接到消息,玲玲第三次往中方辖区时被哨兵逮捕,已经送往日军司令部。素云几乎吓死。前一天日本特务机关长以怀疑的眼光望她,显然以为她不忠于日本皇军,从别的特工手里获得了情报。

她决定逃到邻近的法国租界,于是化装之后,从住宅的后门出去,只带了一个手提箱,她还没上洋车,一个警察走过来问她:"你上哪儿去?"

素云向他做了个秘密的信号,表示她也是为日本皇军工作的。

警察说:"那么你是牛小姐,我正在找你呢。跟我到总部去。"

他给素云戴上手铐,带她往前走去。

素云问他:"你是中国人吗?"

"是,可是我也不能保障你的安全。"

"你放了我。我们都是中国人。"

警察说:"那么你怕为中国牺牲?"日本租界的中国警察以身材高大出名,也以对中国人趾高气扬出名,还以贪污出名。连从停在路旁等座的洋车夫那儿勒索几个铜子儿的事都干。

素云对警察说:"收了这个手提箱。放了我。里头有三千块钱的票子。"

警察接过手提箱,一边迟疑一边害怕地低声说话,眼睛向四周张望。这时一个日本哨兵,离他们不过十码远,看见他们说话。他走上前来盘问,跟他们一齐走。机会已经错过。素云又和中国警察说话。日本兵不懂中国话,打了素云一个嘴巴,叫她不要说话。日本兵看见警察手里的箱

忽然洞开的窗子

子,他吩咐把箱子和钥匙一齐递给他,三个人一齐走去,素云在中间。

一个嘴巴打得素云很疼。她心里想:"这就是向日本人效忠的结果。"她的怒火上冲,一时无法控制。她听警察说"你怕为中国牺牲"时,心里涌起一种特别的感觉。现在她一边走的是中国人,一边走的是日本人。左边的中国人代表中国,而她就要为中国牺牲了。她知道末日到了。

在总部,问了她几个问题,她又大胆反抗。问话的日本军官向特务机关打电话。

素云打断他的电话说:"枪毙我!我但求一死。我恨你们日本鬼子!"

那个军官说:"好,就枪毙。带她出去。"

素云就在院子里被日本人枪毙了。

/ 思考 /

1. 牛素云是小说中一个很复杂的人物,这个篇章中的牛素云给你留下了怎样的印象呢?

2. 北平的普通百姓们通过哪些方式开展抗日斗争呢?

/ 荐读 /

"全书写罢泪涔涔,献予芟倭抗日人。不是英雄流热血,神州谁是自由民。"一如林语堂在开篇献词中所写,《京华烟云》通过曾、姚、牛三大家族的恩怨情仇,给我们展现了从1901年义和团运动到抗日战争爆发三十多年间中国社会的风云变幻,以及中国人民在动荡不安中民族意识的觉醒。

书　　名:京华烟云
作　　者:林语堂
译　　者:张振玉
出版信息:湖南文艺出版社
　　　　　2016年版

汉家寨[1]

张承志

/导读/ 铁色戈壁，石棱狞恶，日光毒烤，土壤焦渴，荒茫死寂，这里会有人烟吗……

那是大风景和大地貌汇集的一个点。我从天山大坂上下来，心被四野的宁寂——那充斥天宇六合的恐怖一样的死寂包裹着，听着马蹄声单调地试探着和这静默碰击，不由得屏住了呼吸。

若是没有这匹马弄出的蹄音，或许还好受些。三百里空山绝谷，一路单骑，我回想着不觉一阵阵阴凉袭向周身。那种山野之静是永恒的；一旦你被它收容过，有生残年便再也无法离开它了。无论后来我走到哪里，总是两眼幻视、满心幻觉，天涯何处都像是那个铁色戈壁，都那么空旷宁寂、四顾无援。我只有凭着一种茫然的感觉，任那匹伊犁马负着我，一步步远离了背后的雄伟天山。

和北麓的蓝松嫩草判若两地——天山南麓是大地被烤伤的一块皮肤。除开一种维吾尔语叫 uga 的毒草是碧绿色以外，岩石是酥碎的红石，土壤是淡红色的焦土。山坳褶皱之间，风蚀的痕迹像刀割一样清晰，狞恶的尖石棱一浪浪堆起，布满着正对太阳的一面山坡。马在这种血一样的碎石中谨慎地选择着落蹄之地，我在曝晒中晕眩了，怔怔地觉得马的脚踝早已被那些尖利的石刃割破了。

然而，亲眼看着大地倾斜，亲眼看着从高山牧场向不毛之地的一步步一分分的憔悴衰老，心中感受是奇异的。这就是地理，我默想。前方蜃气溟蒙处是海拔负 154 米的吐鲁番盆地最低处的艾丁湖。那湖早在万年之前就被烤干了，我想。背后却是天山；冰峰泉水，松林牧场都远远地离我去了。一切只有大地的倾斜；左右一望，只见大地斜斜地延伸。嶙峋石

---

[1] 选自《荒芜英雄路·清洁的精神》，上海文艺出版社 2015 年版。张承志，1948 年生，中国现代作家，作品有《北方的河》《黑骏马》《心灵史》等。

头,焦渴土壤,连同我的坐骑和我自己,都在向前方向深处斜斜地倾斜。

那时,我独自一人,八面十方数百里内只有我一人单骑,向导已经返回了。在那种过于雄大磅礴的荒凉自然之中,我觉得自己渺小得连悲哀都是徒劳。

就这样,走近了汉家寨。

仅仅有一炷烟在怅怅升起,猛然间感到所谓"大漠孤烟直"并没有写出一种残酷。

汉家寨只是几间破泥屋,它坐落在新疆吐鲁番北、天山以南的一片铁灰色的砾石戈壁正中。无植被的枯山像铁渣堆一样,在三个方向汇指着它——三道裸山之间,是三条巨流般的黑戈壁,寸草不生,平平地铺向三个可怕的远方。因此,地图上又标着另一个地名叫三岔口;这个地点在以后我的生涯中总是被我反复回忆,咀嚼吟味,我总是无法忘记它。

仿佛它是我人生的答案。

我走进汉家寨时,天色昏暮了。太阳仍在肆虐,阳光射入眼帘时,一瞬间觉得疼痛。可是,那种将结束的白炽已经变了,汉家寨日落前的炫目白昼中已经有一种寒气存在。

几间破泥屋里,看来住着几户人。

不知从什么时候起,有了这样一个地名。新疆的汉语地名大多起源久远,汉代以来这里便有中原人屯垦生息,唐宋时更因为设府置县,使无望的甘陕移民迁到了这种异域。

真是异域——三道巨大空茫的戈壁滩一望无尽,前是无人烟的盐碱低地,后是无植被的红石高山,汉家寨,如一枚被人丢弃的棋子,如一粒生锈的弹丸,孤零零地存在于这巨大得恐怖的大自然中。

三个方向都像可怕的暗示。我只敢张望,再也不敢朝那些入口催动一下马蹄了。

独自伫立在汉家寨下午的阳光里,我看见自己的影子一直拖向地平线,又黑又长。

三面平坦坦的铁色砾石滩上,都反射着灼烫的亮光,像热带的海面。

默立久了,突然意识到什么。转过头来,左右两座泥屋门口,各有一个人在盯着我。一个是位老汉,一个是七八岁的小女孩。

他们痴痴盯着我。我猜他们已经好久没有见过外来人了。老少两人都是汉人服饰;一瞬间我明白了,这地方确实叫做汉家寨。

我想了想,指着一道戈壁问道:

——它通到哪里？

老人摇摇头。女孩不眨眼地盯着我。

我又指着另一道：

——这条路呢？

老人只微微摇了一下头，便不动了。女孩还是那么盯住我不眨眼睛。

犹豫了一下，我费劲地指向最后一条戈壁滩。太阳正向那里滑下，白炽得令人无法瞭望。地平线上铁色熔成银色，闪烁着数不清的亮点。

我刚刚指着，还没有开口，那老移民突然钻进了泥屋。

我呆呆地举着手站在原地。

那小姑娘一动不动，她一直凝视着我，不知是为了什么。这女孩穿一件破红花棉袄，污黑的棉絮露在肩上襟上。她的眼睛黑亮——好多年以后，我总觉得那便是我女儿的眼睛。

在那块绝地里，他们究竟怎样生存下来，种什么，吃什么，至今仍是一个谜。但是这不是幻觉也不是神话。汉家寨可以在任何一张好一点的地图上找到。《宋史·高昌传》据使臣王延德旅行记，有"又两日至汉家砦"之语。砦就是寨，都是人坚守的地方。从宋至今，汉家寨至少已经坚守着生存了一千多年了。

独自再面对着那三面绝境，我心里想：这里一定还是有一口食可觅，人一定还是能找到一种生存下去的手段。

次日下午，我离开了汉家寨，继续向吐鲁番盆地前行。大地倾斜得更急剧了；笔直的斜面上，几百里铺伸的黑砾石齐齐地晃闪着白光。回首天山，整个南麓都浮升出来了，峥嵘嶙峋，难以言状。俯瞰前方的吐鲁番，蜃气中已经绰约现出了绿洲的轮廓。在如此悲凉严峻的风景中上路，心中涌起着一股决绝的气概。

我走下第一道坡坎时，回转身来想再看看汉家寨。它已经被起伏的戈壁滩遮住了一半，只露出泥屋的屋顶窗洞。那无言的老人再也没有出现。我等了一会儿，最后遗憾地离开了。

千年以来，人为着让生命存活曾忍受了多少辛苦，像我这样的人是无法揣测的。我只是隐隐感到了人的坚守，感到了那坚守如这风景一般苍凉广阔。

走过一个转弯处——我知道再也不会有和汉家寨重逢的日子了——我激动地勒转马缰。遥遥地，我看见了那堆泥屋的黄褐中，有一个小巧的红艳身影，是那小女孩的破红棉袄。那时的天山已经完全升起于北方，横挡住大陆,冰峰和干沟裸谷相衬映,向着我倾泻般伸延的,是汉家寨那三岔戈壁的万吨铁石。

我强忍住心中的激动,继续着我的长旅。从那一日我永别了汉家寨。也是从那一日起,无论我走到哪里,都在不知不觉之间,坚守着什么。

我不知道那是什么。我只觉得它与汉家寨这地名天衣无缝。在美国,在日本,我总是倔强地回忆着汉家寨,仔细想着每一个细节。直至南麓天山在阳光照耀下的、伤痕累累的山体都清晰地重现,直至大陆的倾斜面、吐鲁番低地的白色蜃气,以及每一块灼烫的砾石都逼真地重现,直至当年走过汉家寨戈壁时有过的那种空山绝谷的难言感受充盈在心底胸间。

/ 思考 /

1. "这个地点在以后我的生涯中总被我反复回忆",这里到底给了作者怎样的人生震撼呢?

2. 作者笔下的戈壁绝地是否让你深感震撼?请你把那些极富视觉冲击力的描摹勾画下来。

/ 荐读 /

自由作家张承志,足迹遍布蒙古高原,新疆西北,哈萨克牧区,青海回族聚集地……他深入腹地,触摸中国大地的贫瘠之处,"边疆""民族"这些词汇,在他的文字中变得具体可感起来。

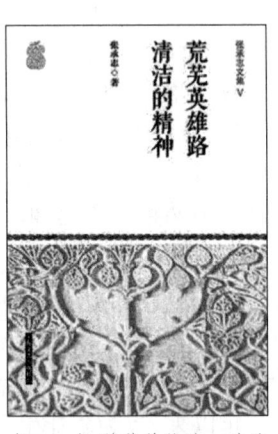

书　名:荒芜英雄路·清洁的精神
作　者:张承志
出版信息:上海文艺出版社 2015年版

爱国古诗选

/导读/ 自古以来,那些表达爱国热情和向死而生情怀的诗词,像震荡心胸的乐音,激越千古,久久回响。

九歌·国殇①

屈 原

操吴戈兮被犀甲②,车错毂兮短兵接③。
旌蔽日兮敌若云④,矢交坠兮士争先⑤。
凌余阵兮躐余行⑥,左骖殪兮右刃伤⑦。
霾两轮兮絷四马⑧,援玉枹兮击鸣鼓⑨。
天时坠兮威灵怒⑩,严杀尽兮弃原野⑪。

---

①选自《楚辞译注》,董楚平译注,上海古籍出版社2014年版。屈原(约公元前340—前278),战国时期楚国诗人、政治家。中国浪漫主义文学的奠基人。[国殇]为国捐躯的人。殇,指未成年而死,也指死难的人。
②[操吴戈兮被(pī)犀甲] 手里拿着吴国的戈,身上披着犀牛皮制作的甲。
③[车错毂(gǔ)兮短兵接] 敌我双方战车交错,彼此短兵相接。
④[旌蔽日兮敌若云] 旌旗遮蔽了日光,敌兵像云一样涌上来。极言敌军之多。
⑤[矢交坠] 两军相射的箭纷纷坠落在阵地上。
⑥[凌]侵犯。[躐(liè)]践踏。[行]行列。
⑦[左骖(cān)殪(yì)兮右刃伤] 左边的骖马倒地而死,右边的骖马被兵刃所伤。
⑧[霾(mái)两轮兮絷(zhí)四马] 战车的两个车轮陷进泥土被埋住,四匹马也被绊住了。霾,通"埋"。古代作战,在激战将败时,埋轮缚马,表示坚守不退。
⑨[援玉枹(fú)兮击鸣鼓] 手持镶嵌着玉的鼓槌,击打着声音响亮的战鼓。先秦作战,主将击鼓督战,以旗鼓指挥进退。枹,鼓槌。鸣鼓,很响亮的鼓。
⑩[天时]天像。[坠]一作"怼"(duì),怨、恨,也可通。
⑪[严杀尽兮弃原野] 在严酷的厮杀中战士们全都死去,尸骨都被丢弃在旷野上。

出不入兮往不反①，平原忽兮路超远②。
带长剑兮挟秦弓③，首虽离兮心不惩④。
诚既勇兮又以武⑤，终刚强兮不可凌⑥。
身既死兮神以灵⑦，魂魄毅兮为鬼雄⑧！

白马篇⑨

曹　植

白马饰金羁，连翩西北驰⑩。
借问谁家子？幽并游侠儿。
少小去乡邑，扬声沙漠垂⑪。
宿昔秉良弓，楛矢何参差⑫。
控弦破左的⑬，右发摧月支⑭。
仰手接飞猱⑮，俯身散马蹄⑯。
狡捷过猴猿，勇剽若豹螭⑰。

---

①〔出不入兮往不反〕出征以后就不打算生还。反，通"返"。
②〔忽〕渺茫，不分明。〔超远〕遥远无尽头。
③〔秦弓〕指良弓。战国时，秦地木材质地坚实，制造的弓射程远。
④〔首虽离〕身首异处。〔心不惩〕壮心不改，勇气不减。〔惩〕悔恨。
⑤〔诚〕诚然，确实。〔以〕且，连词。〔武〕威武。
⑥〔终〕始终。〔凌〕侵犯。
⑦〔神以灵〕指死而有知，英灵不泯。神，指精神。
⑧〔鬼雄〕战死了，魂魄不死，即使做了死鬼，也要成为鬼中的豪杰。
⑨选自《三曹诗选译》，凤凰出版社 2011 年版。曹植(192－232)，字子建，三国时期曹魏著名文学家。代表作有《洛神赋》《白马篇》等。
⑩〔连翩(piān)〕连续不断，原指鸟飞的样子，这里用来形容白马奔驰的俊逸形象。
⑪〔扬声〕扬名。〔垂〕同"陲"，边境。
⑫〔楛(hù)矢〕用楛木做成的箭。〔何〕多么。〔参差(cēncī)〕长短不齐的样子。
⑬〔控弦〕开弓。〔的〕箭靶。
⑭〔摧〕毁坏。〔月支〕箭靶的名称。左、右是互文见义。
⑮〔接〕接射。〔飞猱(náo)〕飞奔的猿猴。猱，猿的一种，攀缘树木，上下如飞。
⑯〔散〕射碎。〔马蹄〕箭靶的名称。
⑰〔勇剽(piāo)〕勇敢剽悍。〔螭(chī)〕传说中形状如龙的黄色猛兽。

边城多警急,虏骑数迁移。
羽檄从北来①,厉马登高堤②。
长驱蹈匈奴,左顾凌鲜卑。
弃身锋刃端,性命安可怀?
父母且不顾,何言子与妻!
名在壮士籍,不得中顾私。
捐躯赴国难,视死忽如归。

宝刀歌③

秋　瑾

汉家宫阙斜阳里,五千余年古国死。
一睡沉沉数百年,大家不识做奴耻。
忆昔我祖名轩辕,发祥根据在昆仑。
辟地黄河及长江,大刀霍霍定中原。
痛哭梅山可奈何? 帝城荆棘埋铜驼。
几番回首京华望,亡国悲歌泪涕多。
北上联军八国众,把我江山又赠送。
白鬼西来做警钟,汉人惊破奴才梦。
主人赠我金错刀④,我今得此心雄豪。
赤铁主义当今日⑤,百万头颅等一毛。
沐日浴月百宝光,轻生七尺何昂藏!
誓将死里求生路,世界和平赖武装。
不观荆轲作秦客,图穷匕首见盈尺。

---

①[羽檄(xí)]军事文书,插鸟羽以示紧急,必须迅速传递。
②[厉马]扬鞭策马。
③选自《秋瑾女侠遗集》,贵州教育出版社2014年版。秋瑾(1875—1907),中国女权和女学思想的倡导者,近代民主革命志士。
④[金错刀]《后汉书·舆服志》有"金错刀,用黄金通身雕错的宝刀"。
⑤[赤铁主义]谓铁血主义,谓革命必须武装斗争。

殿前一击虽不中,已夺专制魔王魄。
我欲只手援祖国,奴种流传遍禹域。
心死人人奈尔何,援笔作此《宝刀歌》。
宝刀之歌壮肝胆,死国灵魂唤起多。
宝刀侠骨孰与俦,平生了了旧恩仇。
莫嫌尺铁非英物,救国奇功赖尔收。
愿从兹以天地为炉阴阳为炭兮,铁聚六洲。
铸造出千柄万柄宝刀兮,澄清神州。
上继我祖黄帝赫赫之威名兮,一洗数千百年国史之奇羞!

/ 思考 /

1. 特别留意诗中对于战斗场面的描写,领略其荡气回肠、壮怀激烈的气势。

2. 放声朗读诗中直抒胸臆的语句,体会那种面对国家危难毫不犹豫地选择自我牺牲的爱国情怀。

/ 荐读 /

梦里关山,铁马冰河入梦来;寸心如丹,位卑未敢忘忧国;揽辔中原,但悲不见九州同……这本《但悲不见九州同》收录了陆游最具有代表性的一批诗作,能让你充分领略亘古男儿的热血情怀。

书　名:但悲不见九州同·陆游集
主　编:陈祖美
出版信息:河南文艺出版社　2015年版

第三单元 她一直在老地方

骆驼祥子(节选)[1]

老 舍

/导读/ 辛苦三年的成果，一朝一无所有，你是否会心灰意冷？以梦为马，祥子能否战胜一路坎坷，成为人生的赢家？

    祥子在海甸的一家小店里躺了三天，身上忽冷忽热，心中迷迷忽忽，牙床上起了一溜紫泡，只想喝水，不想吃什么。饿了三天，火气降下去，身上软得像皮糖似的。恐怕就是在这三天里，他与三匹骆驼的关系由梦话或胡话中被人家听了去。一清醒过来，他已经是"骆驼祥子"了。

    自从到城里来，他就是"祥子"，仿佛根本没有个姓；如今，"骆驼"摆在"祥子"之上，就更没有人关心他到底姓什么了。有姓无姓，他自己也并不在乎。不过，三条牲口才换了那么几块钱，而自己倒落了个外号，他觉得有点不大上算。

    刚能挣扎着立起来，他想出去看看。没想到自己的腿能会这样的不吃力，走到小店门口他一软就坐在了地上，昏昏沉沉的坐了好大半天，头上见了凉汗。又忍了一会儿，他睁开了眼，肚中响了一阵，觉出点饿来。极慢的立起来，找到了个馄饨挑儿。要了碗馄饨，他仍然坐在地上。呷了口汤，觉得恶心，在口中含了半天，勉强的咽下去；不想再喝。可是，待了一会儿，热汤像股线似的一直通到腹部，打了两个响嗝。他知道自己又有了命。

    肚中有了点食，他顾得看看自己了。身上瘦了许多，那条破裤已经脏

---

[1] 选自《骆驼祥子》，商务印书馆2012年版。老舍(1899—1966)，中国现代作家，作品有《骆驼祥子》《四世同堂》《茶馆》等。

得不能再脏。他懒得动,可是要马上恢复他的干净利落,他不肯就这么神头鬼脸的进城去。不过,要干净利落就得花钱,剃剃头,换换衣服,买鞋袜,都要钱。手中的三十五元钱应当一个不动,连一个不动还离买车的数儿很远呢!可是,他可怜了自己。虽然被兵们拉去的日子不多,到现在一想,一切都像个噩梦。这个噩梦使他老了许多,好像他忽然的一气增多了好几岁。看着自己的大手大脚,明明是自己的,可是又像忽然由什么地方找到的。他非常的难过。他不敢想过去的那些委屈与危险,虽然不去想,可依然的存在,就好像阴天的时候,不去看天也知道天是黑的。他觉得自己的身体是特别的可爱,不应当再太自苦了。他立起来,明知道身上还很软,可是刻不容缓的想去打扮打扮,仿佛只要剃剃头,换件衣服,他就能立刻强壮起来似的。

打扮好了,一共才花了两块二毛钱。近似搪布的一身本色粗布裤褂一元,青布鞋八毛,线披儿织成的袜子一毛五,还有顶二毛五的草帽。脱下来的破东西换了两包火柴。

拿着两包火柴,顺着大道他往西直门走。没走出多远,他就觉出软弱疲乏来了。可是他咬上了牙。他不能坐车,从哪方面看也不能坐车:一个乡下人拿十里八里还能当作道儿吗,况且自己是拉车的。这且不提,以自己的身量力气而被这小小的一点病拿住,笑话;除非一跤栽倒,再也爬不起来,他满地滚也得滚进城去,决不服软!今天要是走不进城去,他想,祥子便算完了;他只相信自己的身体,不管有什么病!

晃晃悠悠的他放开了步。走出海甸不远,他眼前起了金星。扶着棵柳树,他定了半天神,天旋地转的闹慌了会儿,他始终没肯坐下。天地的旋转慢慢的平静起来,他的心好似由老远的又落到自己的心口中,擦擦头上的汗,他又迈开了步。已经剃了头,已经换上新衣新鞋,他以为这就十分对得起自己了;那么,腿得尽它的责任,走!一气他走到了关厢。看见了人马的忙乱,听见了复杂刺耳的声音,闻见了干臭的味道,踏上了细软污浊的灰土,祥子想趴下去吻一吻那个灰臭的地,可爱的地,生长洋钱的地!没有父母兄弟,没有本家亲戚,他的唯一的朋友是这座古城。这座城给了他一切,就是在这里饿着也比乡下可爱,这里有的看,有的听,到处是光色,到处是声音;自己只要卖力气,这里还有数不清的钱,吃不尽穿不完的万样好东西。在这里,要饭也能要到荤汤腊水的,乡下只有棒子面。才到高亮桥西边,他坐在河岸上,落了几点热泪!

太阳平西了,河上的老柳歪歪着,梢头挂着点金光。河里没有多少水,可是长着不少的绿藻,像一条油腻的长绿的带子,窄长,深绿,发出些微腥的潮味。河岸北的麦子已吐了芒,矮小枯干,叶上落了一层灰土。河南的荷塘的绿叶细小无力的浮在水面上,叶子左右时时冒起些细碎的小水泡。东边的桥上,来往的人与车过来过去,在斜阳中特别显着匆忙,仿佛都感到暮色将近的一种不安。这些,在祥子的眼中耳中都非常的有趣与可爱。只有这样的小河仿佛才能算是河;这样的树,麦子,荷叶,桥梁,才能算是树,麦子,荷叶,与桥梁。因为它们都属于北平。

坐在那里,他不忙了。眼前的一切都是熟习的,可爱的,就是坐着死去,他仿佛也很乐意。歇了老大半天,他到桥头吃了碗老豆腐:醋,酱油,花椒油,韭菜末,被热的雪白的豆腐一烫,发出点顶香美的味儿,香得使祥子要闭住气;捧着碗,看着那深绿的韭菜末儿,他的手不住的哆嗦。吃了一口,豆腐把身里烫开一条路;他自己下手又加了两小勺辣椒油。一碗吃完,他的汗已湿透了裤腰。半闭着眼,把碗递出去:"再来一碗!"

站起来,他觉出他又像个人了。太阳还在西边的最低处,河水被晚霞照得有些微红,他痛快得要喊叫出来。摸了摸脸上那块平滑的疤,摸了摸袋中的钱,又看了一眼角楼上的阳光,他硬把病忘了,把一切都忘了,好似有点什么心愿,他决定走进城去。

城门洞里挤着各样的车,各样的人,谁也不敢快走,谁可都想快快过去,鞭声,喊声,骂声,喇叭声,铃声,笑声,都被门洞儿——像一架扩音机似的——嗡嗡的联成一片,仿佛人人都发着点声音,都嗡嗡的响。祥子的大脚东插一步,西跨一步,两手左右的拨落,像条瘦长的大鱼,随浪欢跃那样,挤进了城。一眼便看到新街口,道路是那么宽,那么直,他的眼发了光,和东边的屋顶上的反光一样亮。他点了点头。

/ 思考 /

1. 成为"骆驼祥子"后祥子遭遇了什么？勾画祥子从颓丧到振奋的过程中的微妙的心理变化，体会作者这样表现微妙心理变化的好处。

2. "太阳还在西边的最低处，河水被晚霞照得有些微红，他痛快得要喊叫出来。"文中有很多这样精彩的环境描写，想一想这样写的意图是什么。

/ 荐读 /

每个人或多或少都有自己的梦想，逐梦之路常常不是一帆风顺的。这不，20世纪20年代，一个来自农村的"打工仔"——祥子，他也有一个梦想——拥有一辆属于自己的车。你若想知道这个青年在追梦过程中经历了几多辛酸、几多悲欢，请走进语言大师老舍的小说《骆驼祥子》吧！在浓郁的老北京方言里，你一定会因为这个打工仔起伏的命运而生出良多感慨！

书　　名：骆驼祥子
作　　者：老舍
出版信息：商务印书馆 2012 年版

差不多先生传[①]

胡 适

/导读/ 他的名誉越传越远,越久越大。无数无数的人都学他的榜样。于是人人都成了一个差不多先生。——然而中国从此就成为一个"懒人国"了。

你知道中国最有名的人是谁?

提起此人,人人皆晓,处处闻名。他姓差,名不多,是各省各县各村人氏。你一定见过他,一定听过别人谈起他。差不多先生的名字天天挂在大家的口头,因为他是中国全国人的代表。

差不多先生的相貌和你和我都差不多。他有一双眼睛,但看的不很清楚;有两只耳朵,但听的不很分明;有鼻子和嘴,但他对于气味和口味都不很讲究。他的脑子也不小,但他的记性却不很精明,他的思想也不很细密。

他常常说:"凡事只要差不多,就好了。何必太精明呢?"

他小的时候,他妈叫他去买红糖,他买了白糖回来。他妈骂他,他摇摇头说:"红糖白糖不是差不多吗?"

他在学堂的时候,先生问他:"直隶省的西边是哪一省?"他说是陕西。先生说:"错了。是山西,不是陕西。"他说:"陕西同山西,不是差不多吗?"

后来他在一个钱铺里做伙计;他也会写,也会算,只是总不会精细。十字常常写成千字,千字常常写成十字。掌柜的生气了,常常骂他。他只是笑嘻嘻地赔小心道:"千字比十字只多一小撇,不是差不多吗?"

[①] 选自《胡适文化小品》,浙江文艺出版社2016年版。胡适(1891—1962),中国现代著名思想家、文学家、哲学家,以倡导"白话文"、领导新文化运动闻名于世。

忽然洞开的窗子

  有一天,他为了一件要紧的事,要搭火车到上海去。他从从容容地走到火车站,迟了两分钟,火车已开走了。他白瞪着眼,望着远远的火车上的煤烟,摇摇头道:"只好明天再走了,今天走同明天走,也还差不多。可是火车公司未免太认真了。八点三十分开,同八点三十二分开,不是差不多吗?"他一面说,一面慢慢地走回家,心里总不明白为什么火车不肯等他两分钟。

  有一天,他忽然得了急病,赶快叫家人去请东街的汪医生。那家人急急忙忙地跑去,一时寻不着东街的汪大夫,却把西街牛医王大夫请来了。差不多先生病在床上,知道寻错了人;但病急了,身上痛苦,心里焦急,等不得了,心里想道:"好在王大夫同汪大夫也差不多,让他试试看吧。"于是这位牛医王大夫走近床前,用医牛的法子给差不多先生治病。不上一点钟,差不多先生就一命呜呼了。

  差不多先生差不多要死的时候,一口气断断续续地说道:"活人同死人也差……差……差不多,……凡事只要……差……差……不多……就……好了,……何……何……必……太……太认真呢?"他说了这句格言,方才绝气了。

  他死后,大家都很称赞差不多先生样样事情看得破,想得通;大家都说他一生不肯认真,不肯算账,不肯计较,真是一位有德行的人。于是大家给他取个死后的法号,叫他做圆通大师。

  他的名誉越传越远,越久越大。无数无数的人都学他的榜样。于是人人都成了一个差不多先生。——然而中国从此就成为一个懒人国了。

/ 思考 /

  1. "差不多先生"做了不少他自认为"差不多"的事情,这些事情是按照什么顺序来写的?想一想这样安排好不好,为什么?

  2. "差不多先生"是否确有其人?你是那个"差不多先生"吗?你觉得胡适先生写这篇文章有什么用意?

/ 荐读 /

像"差不多先生"这样有劣根性的普通人不论在中国还是在外国都存在。俄国有位具有强烈幽默感的作家,他的小说紧凑精练,言简意赅,总是在你读得最尽兴的时候戛然而止,真是言有尽而意无穷!这位作家就是契诃夫。《没意思的故事》真的"没意思"吗?《无名氏的故事》会让你想起谁?读一读《契诃夫短篇小说选》,相信你在读完后言语也会散发哲学思辨的气息,甚至或许你也能拥有像契诃夫一样锐利的眼光和睿智的哲思哦!

书　　名:契诃夫短篇小说选
作　　者:[俄]契诃夫
译　　者:汝龙
出版信息:人民文学出版社
　　　　　2015年版

一阵风[1]

冯骥才

/导读/ 天津市井,各路能人异士身怀绝技。然而在这能人辈出的舞台上,又有谁能把他们分个高下呢?

    三岔河口那边那块地,各种吃的穿的用的玩的应有尽有,无奇不有。码头上的东西,一半是本地的特产,一半是南来北往的船儿捎来的新鲜货;外来的玩意儿招引当地人,本地的土产招引外来客。于是,走江湖卖艺的都跑到这儿来赚钱吃饭,吃饭赚钱。可是,要想在这儿立足就不易了。谁知到嘛时候忽然站出一位能人高人奇人?把你一脚踢一个跟斗。

    民国元年,一位打山东来的跤手无敌手。个子大赛面墙,肩厚似牛臀,臂粗如大腿,光头圆脸冒红光;浑身的肌肉一使劲,好比上上下下到处肉球,再动两下,肉球满身乱滚。这小子拿手的本事是摔跤,两手往对手肩上一搭,就紧紧抓住,腰一给劲,就把对手端起来。你两脚离地使不上劲,他胳膊长你踢不上他,你有再好的跤法也用不上。他呢?端着你一动不动,你再沉再重也没他劲大。等你折腾够了,他把你往地上一扔,就赛给他玩够的小猫小狗,扔在一边。据说他这手是从小练的一个怪招:端缸。他爹是烧瓦缸的,开头叫他端小缸,天天端着缸在院里转;等他端缸赛端鸡笼子,便换大一号的缸,愈换愈大,直到端起荷花缸赛端木桶,再往里边加水,每十天加一瓢水,等到他端着一缸水在院里如闲逛,这门天下罕见的功夫就练成了。天津的好跤手挺多,可是没人想出能治他的法儿来。

    别以为这端缸的山东小子能在三岔河口站住脚。一天,打河北沧州

---

[1] 选自《俗世奇人》(足本),人民文学出版社2016年版。冯骥才,1942年生,中国当代作家,作品有《珍珠鸟》《花的勇气》等。

来一位凶悍的汉子,这汉子是练铁沙掌的。人挺黑,穿一件夏布褂子,更显黑;乱糟糟连鬓大胡子,目光凶狠,一看就知不是善茬儿。这人过去谁也没见过,他在山东小子面前一站嘛话没说,把夏布褂子脱下往后一扔,露出一身肉赛紫铜,黑红黑红,亮得出奇,肉怎么能这么亮?可是,端缸的山东小子没把他当回事,出手往他肩上一搭,跟手一抓,怪事出来了,居然没抓住;再一抓,还是没抓住,这黑汉子肩上的肉滑不唧溜,赛琉璃瓦,山东小子没遇到过这种肩膀这种肉,唰唰唰连抓三下,竟赛抓鱼,他忽觉不好——原来这黑汉子半个身子涂了挺厚的一层油,怪不得这么亮这么滑!可是抓不住对方的肩,端不起来,他的功夫就用不上了。就在他一惊一怔之间,这汉子双掌疾出,快如闪电,击在他的当胸,他还没明白过来,只觉胸膛一热,已经坐在五尺开外的地上,耳听围观的人一片叫好。

从这天起,三岔河口这块地,这沧州来的黑汉子是爹。

每天都有人不服,上来较量,个个叫这黑汉子打得像挨揍的儿子。这汉子双掌又快又重,能受他一掌的只待高人。

没想到半个月后就有一位怪人站在他对面。

这人赛个文人,清瘦小老头,穿件光溜溜蛋青色绸袍,一身清气立在那儿,眼角嘴角带着笑。没等黑汉子开口,他叫身边一个小伙子帮他脱去外边的长袍,跟着再把这长袍穿上。可再穿上长袍时,他就把两条胳膊套在袍子里面,只叫两条长长的袖子空空垂在肩膀两边,像两根布条。黑汉子说:"你这叫怎么一个打法?"

小老头淡淡一笑,说:"君子动口不动手,我绝不用手打你。"这口气透着傲气。

黑汉子说:"真不用手?那么咱说好了——不是我不叫你用手,我可就不客气了。"

小老头说:"有本事就来吧。"

黑汉子说句"承让",上去呼呼几掌,每掌只要扫上,都叫小老头够呛。可是黑汉子居然一掌也没打上,全叫小老头躲闪过去。黑汉子运气使力,加快出掌,可是他出手愈快,小老头躲闪愈灵。一个上攻下击,一个闪转腾挪,围观的人看得出小老头躲闪的本领更高,尤其是那翻转、那腾跳、那扭摆,比戏台上跳舞的花旦好看。黑汉子打了半天,好像凭空出掌。拳掌这东西,打上了带劲,打不上泄劲。一会儿黑汉子就累得呼呼喘了。尤其小老头的空袖子,随身飞舞,在黑汉的眼里,哗哗的,花花的,渐渐觉得好赛和好几个小老头在打,直到打得他气短力竭,浑身冒汗,才住手,说了一句:"我服您了。"

小老头依旧刚才那样,垂着两条空袖笑吟吟、气定神闲地站在那里。他一招没使,没动手,就把黑汉子制服了。这小老头是谁,从哪儿来,谁也不知。但是打这天起,三岔河口又改名换姓,小老头称雄。有人不服,上来较量,小老头还是不出手,就凭着闪转腾挪和两条飞舞的空袖子,叫对手有劲没处使,自己把自己累趴下。

看来小老头要在这块地立一阵子,没过十天,又一位高人冒出来了。

谁也没留神,这些天这位高人一直扎在人群里,欣赏着小老头"动口不动手"的绝技,琢磨其中的诀窍,也找破绽。这人年轻健朗,穿件白布对襟褂,黑布裤,挽着裤腿,露出的腿肚子像块硬邦邦的圆石头。这种装束的人在三岔河口一带随处可见——船夫。他们使桨掌舵扯缆扬帆,练达又敏捷,逢到黑风白浪,几下就爬到桅杆顶尖,比猴子还快。可是要想和练武的人——尤其和小老头较量较量,胜负就难说了。

看就看谁比谁绝。

这船夫一上来双手拱一拱拳,就开打。小老头照例闪转腾挪,叫船夫沾不上自己的边儿。小老头这双空袖子绝的是,舞起来叫人眼花缭乱,不知该对他往哪儿出拳使掌。袖子是空的,打上也没用。可是谁料这船夫要的正是这双长袖子。他忽地伸手抓住左边的衣袖,一阵风似绕到小老头身后,再抓住右边的衣袖,飞快地跑到小老头身后,把两条袖子结个扣儿,这个扣儿是活扣儿,懂眼的人一看便知,这是系船的绳扣儿。别看是活扣儿,愈使劲挣,扣儿愈死。待这袖子赛绳子扎得死死的,小老头可就跟棍子一样戳在地上。船夫上去一步蹬上小老头,两脚站在小老头双肩上。小老头看出不妙,摇肩晃膀,想把船夫甩下来。可是船夫任他左晃右晃,笑嘻嘻绞盘着手臂,稳稳地一动不动。船夫整天在大风大浪的船板上,最不怕摇晃。一直等到小老头没劲再晃,站老实了,才跳下来,伸手两下给小老头解开衣袖,转身便走。

从此,小老头人影不见,船夫也不见再来。这船夫姓甚名谁?哪门哪派?家在何方呢?

渐渐有了传闻,说这人家在北塘,没人知道他练过功夫,只说他是个好船夫,在白河里来来往往二十年,水性好,身手快,绰号一阵风。有人说前些天在大直沽那边碰见过他,问他为嘛不在三岔河口地上画个圈,显显身手,多弄点钱。一阵风说,天津这码头太大,藏龙卧虎,站在那儿不如站在船上更踏实。

/ 思考 /

1. 小说为我们刻画了四位风格迥异的奇人能士,却以最后一位出场的船夫"一阵风"的绰号为标题,想一想这个标题好不好,为什么?

2. 作者每讲完一位高人的故事总会用小结性的语言来评析,虽是小结却给人一种意犹未尽的感觉。找出文章中这样的句子,体会这种写法的好处。

/ 荐读 /

在《一阵风》中,我们已经认识了四位风格迥异的能人异士,你还想认识更多形象鲜明的高人奇人吗?快拿起冯骥才的《俗世奇人》一睹为快吧!"俗世"中既有凭着一把钓竿把鱼钓绝的大回,也有只认七个银元不认人的苏大夫;既有专会溜须拍马的"死鸟"贺道台,也有抠团鞋泥就能捏出人像的"泥人张"。这些"俗世奇人",个个生动有趣,活灵活现。读完后,你定会觉得"高手在民间"!

书　　名:俗世奇人(足本)
作　　者:冯骥才
出版信息:人民文学出版社
　　　　　2016年版

母亲们[1]

吴念真

/导读/ 天生智能不足的阿荣却受到邻居所有妈妈们的疼爱,这样一个人居然会涉嫌结伙抢劫被判刑。究竟发生了什么?

阿荣的妈妈从台北法院回来的那天傍晚,村子的妈妈们都聚集在村子的路头等候消息。

那天是阿荣涉嫌结伙抢劫宣判的日子。

他爸爸之前已经说过,就算判得再重也不会上诉,说有这样的孩子跟没有一样,何况,他也没钱替他找律师。

阿荣生下来就有点智能不足,但却是邻居所有妈妈们疼爱的孩子。

他整天笑嘻嘻的、不调皮捣蛋、不惹是生非,而且任劳任怨。"比自己的小孩还好驱驾(闽南语,'使唤'之意)。"妈妈们都经常这样说。比如临时缺什么要到一个小时路程外的九份去买,自己的小孩叫不动,只要交代阿荣,就算台风天他也肯去,虽然偶尔会出错,比如要他买面线,他却买铁线之类的;要他帮忙照顾小孩,他可以寸步不离,一背、一抱就是一个下午。

村子里的孩子大部分小学一毕业就到台北工作、当学徒,他却老是被打回票,所以一直待在村子里,成了所有妈妈都可以使唤的孩子。

一直到十七岁,他才去成了台北,在一个面摊当洗碗工。十九岁那年,面摊附近几个小孩缺钱去抢劫,找他当把风,他竟然傻傻地跟着去。

---

[1] 选自《这些人,那些事》,译林出版社2011年版。吴念真,1952年生,中国台湾导演、作家。

阿荣的妈妈回来了，所有妈妈们相互拥抱在路边哭成一团。爸爸们则在榕树下沉默地抽着烟，一根接着一根。

阿荣被判十年，不过，比起被枪毙的其他人，妈妈们说村子的神明果真有灵，因为为了这个审判，她们在神前一起发愿吃素吃了一百天，祈求阿荣不用上刑场。

阿荣在监狱里好像常被欺侮，辗转托人转告说可不可以给他一些钱，让他可以打发那些人。

送钱进监狱好像不容易，他妈妈想到一个方法，把钱放在要给他的裤子的口袋里，然后用针把口袋缝成上下两层。检查的人的确没摸到，但阿荣同样也找不到钱。

当时念初中的我奉命写信给阿荣，在信里头还详细地画图告诉他藏钱的地方，只是我们都不知道监狱里每封信都会查，结果口袋里的钱不但被充公，阿荣甚至还因此被处罚。

为了如何把钱拿给阿荣，妈妈们好像一直不死心，四处打听有什么好办法。

有一天，妈妈们忽然都神秘地聚集到我家，然后有如进行什么仪式似的，每个人都拿出一张当时最大的百元钞，坐在矮凳上撩起裙子，把钞票在大腿上仔细地搓成细细的纸卷，然后用裁缝车用的细线密密地捆扎，捆成大约一根火柴棒的大小。

之后每个人又拿着一个生鸭蛋，就着门口的光，非常小心地在蛋尖的地方用针一针一针慢慢戳出一个小小的洞，然后再把那个火柴棒大小的百元钞票塞进去。

妈妈们虽然没有驱开我，但随时都有人警告我说："你如果讲出去，我就把你的头剁下来当椅子坐！"

后来我才知道，这是妈妈们不知道从哪里探听出来的"偷渡"方法。

她们把塞着钱的生蛋下锅煮熟，然后放进酱油的汤汁里一次又一次地卤，好让阿荣的妈妈去会客的时候把这些藏着钱的卤蛋送进监狱里。

那是一个冬天的午后，屋子里弥漫着卤汁的香气和妈妈们的沉默。

忽然有人说："可是……阿荣这个傻瓜会不会笨笨地把这些蛋分给大家吃？"

在妈妈们有点惊慌的反应之后，我听见阿荣的妈妈坚定地说："不会啦，我会交代阿荣，说这是你们替他过二十岁生日做的卤蛋……这里面有不舍、有思念、有恩情，就算吃到吐出来，也要给我一个一个自己吃到完！"

/思考/

1. 为了让阿荣在监狱里顺利收到钱，妈妈们想出了什么"偷渡"的办法？你觉得按照阿荣的性格，他能收到钱吗？

2. "他整天笑嘻嘻的、不调皮捣蛋、不惹是生非，而且任劳任怨。'比自己的小孩还好驱驾（闽南语，'使唤'之意）。'妈妈们都经常这样说。"这里借妈妈们的话评价阿荣，这样写好吗，为什么？

/荐读/

读完这个故事，在你心底一定会荡起一层感动与温暖的涟漪，不管怎样，我们都希望善良的阿荣能够感受到妈妈们的心意。如果你还想获得更多感动与温暖，不妨读一读吴念真的《这些人，那些事》吧！他写的每个故事，都蕴藏了我们无法预知的生命能量与心灵启发。跟他一起回望人生种种，您将学会包容、豁达与感恩……透过他真情挚意的笔，这些人和事如此鲜活地出现在你我眼前，笑泪交织的同时，也无可取代地烙印在你我心底……

书　　名：这些人，那些事
作　　者：吴念真
出版信息：译林出版社 2011年版

她一直在老地方[1]

刘 同

/导读/ 一段文字,一份小吃,一个小人物,一种穿透记忆的童年味道。她一直在老地方,替你保管着年少的记忆,这是多么幸福的事!

"方老太走了。"

微信群里突然出现这么一条信息。

前年,正在返家路途中的我呆住了。

同行的朋友问我怎么了。

我把手机里的信息给他看,然后我俩靠在列车的座椅上,陷入沉默。关于方老太的所有回忆,就像过电影一样,一幕幕在眼前回放。

大概在二十八年前,我刚读小学的时候,方老太就已经是方老太了。

那时她只是五十岁的方老太,每天推着炸臭豆腐的摊车,在学校南面的拐角处叫卖。八分钱一块的臭豆腐摊,每到放学都会排上长长的队。

方老太的臭豆腐好吃,二十多年来,闭上眼睛就能想起小时候吃第一口臭豆腐的味道。

豆腐炸得黑黑的、脆脆的,方老太用筷子戳破表皮,一股热气便冒了上来,哗,浇上一大勺汤料,把热气硬生生给压回去,豆腐的每一个下口处都是满满的姜葱蒜和浓浓的黄豆味。

夏天吃,辣得流汗,很带劲。

冬天吃,热气腾腾,瞬间就暖和了。

上小学时,我的零花钱很少,别的同学都是四毛钱一次买五块,我只

---

[1] 选自《向着光亮那方》,中信出版社 2016 年版。刘同,1981 年生,中国现代作家,作品有《谁的青春不迷茫》《向着光亮那方》。

能一毛钱买一块,稍微富余一点儿也只能两毛钱买两块,然后把剩下找回来的几分钱认真地装好,再凑八分钱又能买一块。

刚开始的时候,觉得自己只买一块臭豆腐特别丢脸,排老半天队只能可怜巴巴地掏出一毛钱。所以每次轮到我的时候,我都早早地把一毛钱准备好,趁旁人不注意赶紧塞给方老太,也不好意思大声说,自己只要一块。

那时,方老太就会帮我把一块臭豆腐用铲子切成九小块,然后放进碗里,刷地浇上一大勺汤料,再装了袋子给我。

我拎着那个袋子,沉甸甸的,珍而重之,用小竹签一块一块地慢慢吃,就好像吃到九块臭豆腐一样。

后来我发现,每次我买一块臭豆腐的时候,方老太不仅会帮我切成九小块,她还会用勺子在大汤碗底重重地捞上一勺,里面有汤料,还有辣椒、酸菜、萝卜丝……

放了学去方老太那儿买臭豆腐,成为我小学时最美好、最开心的回忆。

不知道方老太是哪个星座,当然这也许和她的星座没有任何关系——无论刮风下雨天晴天阴,方老太总是雷打不动地待在实验小学正南面的拐角处,时间久了,她记得住每一个小孩的名字,有时小孩的爸爸妈妈来接小孩没看到,也会问方老太:"方老太,我孩子来买臭豆腐了吗?"

"半个小时前买过了,然后和同学一起往坡那边走了。"

"没来,听同学说你小孩还在教室做值日呢。"

方老太不像是臭豆腐的摊主,更像是一个信息交流站。而随着我们的毕业,方老太那儿又成了我们常年聚会碰头的据点。

读初中后,每次大家聚会,地点都是"方老太的臭豆腐摊"。

去得早的同学会坐在小桌子旁吃上几块,去得晚的同学还会在电话里交待:"你跟方老太说是我要吃,她知道要给我的臭豆腐炸得干干的。"

那个时候,方老太的臭豆腐变成一毛五一块了,依旧便宜。

时光飞逝。

我们从小学到初中,从初中到高中,虽然不再像之前那样天天能吃到方老太的臭豆腐,但嘴一馋,大家还是会相约一起去方老太那儿,然后遇见好多的老校友。我们很好奇的是,为什么那么多年了,方老太永远只有一个人,从来没有见过她的老公,也没有见过她带着小孩。似乎总是一个人推着小车从拐角处突然出现,从白天到深夜,一个人在路灯下默默收摊,又在拐角处突然消失不见。

小时候有人说方老太是一个只做臭豆腐吃的魔法老太太,来无影去无踪。等读了高中才渐渐听人说起方老太的故事。

方老太三十多岁才嫁人,嫁过去第一年就生了儿子。本以为生活会开始幸福,可惜好景不长。老公每天在外面赌博,赢了还好,输了就回来要钱,要不到钱就打方老太和儿子。后来儿子慢慢长大,方老太把所有的希望都寄托在儿子身上,谁知道儿子在长期的家庭暴力之下,早早就放弃了学业,每天在外面游荡。父子俩都没有正经工作,要睡觉了就回来,没钱了就闹,方老太就是这么八分八分地挣,然后兑换成整钱给家里的老公和孩子花。

那时我们年纪小,想不通的问题有很多。只是觉得方老太好可怜,寡言少语却对任何人都关怀备至。

随着我们这拨人考上了大学,开始漂泊在异国他乡。有时候聊起大家何时回家聚一聚,总有人会提到方老太,同学就会传一张自己和方老太的合影给大家看,还会即时汇报:方老太的臭豆腐涨价了哦。

"该涨该涨,现在什么都在涨价,臭豆腐也应该涨。多少钱了啊?"

"从一毛五涨到两毛啦!"

"……喂,小武,你能不能多给方老太一点儿,大冷天的多辛苦啊。"

"知道啦。那下次回来咱们一块去吧。她还记得你们呢。"

于是乎,大家都嚷着要过年回去尝尝方老太的臭豆腐。

"对了,小武。你今天去方老太那儿,问问她,学校放假了她还会不会出来摆摊?"

"好嘞!"

那年我们都大一,放假晚。而小学早已经放假,方老太的生意自然会受到影响。我们抱着试试看的心态,去了老地方。惊喜的是,方老太居然在,天冷,她把手伸在油锅上烤火,零散几个客人坐在小桌子边聊天,方老太远远抬头看见我们,咧嘴笑了起来.

那种久违的笑,不是大笑,也不是微笑,而是那种——我就知道你会来的会意,笑的是人与人之间重逢的美好,开心的是时间过去那么久,而人与人的关系却还停留在老地方。

"好棒啊,学校放假了,居然方老太还在!"

我们叽叽喳喳跑过去,一个人五块臭豆腐,趁着方老太炸豆腐的时候,大家纷纷跟方老太汇报着自己的近况,方老太一直笑着说:"真好真好,你们有出息了就好。"

从小学一年级到我们大一,一晃十三年过去,方老太迎来送往了一年又一年的学生,她目送的毕业的学生比老师还要多。她已经记不住我们的名字了,但是还记得我们的样子,跟每个人都一一打招呼,"你来了就好,你来了就好。"

厚重的情感,最大的好处是模糊掉细节。

我们相信一切都没有变,相信一切都如往年一样好,我们看不到方老太炸豆腐的速度越来越慢,看不到方老太的生意越来越糟糕,现在的小学生已经不怎么吃臭豆腐了,也看不到方老太已经弯曲的背和悄悄爬满了皱纹的脸。

随着年纪渐长,身边亲人也都在渐渐老去。以至于后来每次去方老太那儿,一开始都是开心的,吃了几块臭豆腐后心情就变得有些沉重。隐隐问自己,万一哪天,再也吃不到这样的臭豆腐了呢?

又过了几年,网络流行起来。我常常看到老家的媒体写一些新闻,"郴州必须要吃的几种特产小吃",里面一定会有方老太的臭豆腐,记者说:"这个老太太送走了一批又一批孩子,炸着一块又一块臭豆腐,以每天炸二百块臭豆腐来算,二十年中她炸了146万块臭豆腐。那是很多人儿时的记忆,包括写这篇美食报道的我。"

吃过她臭豆腐的孩子,当年都是身高一米不到,踮着脚才能看到锅里的臭豆腐。一晃那么多年过去,有的成了记者,有的成了警察,有的成了律师,威风八面。

我听说实验小学旁边的道路需要改建,所有的小商小贩都不能再继续摆摊了,唯独只有方老太,一直在那儿,没有人赶她,其他的摊主也不眼红,据说管那片的城管也是吃着方老太的臭豆腐长大的。

有人问方老太为什么只有她能够在这里摆摊。

方老太说:"我也不知道,上次那个穿制服的孩子跟我说,让我好好待在这里,如果我离开了,很多吃着这个臭豆腐长大的郴州人就找不到了。"

找不到方老太，找不到臭豆腐，更重要的是，找不到自己童年的那段记忆了。

方老太走了。

这个消息瞬间就传遍了家乡的朋友圈。

什么时候走的？怎么走的？年纪多大了？家住哪里？那她的推车还有人继续推出来炸臭豆腐吗？这些问题没有一个人知道。

看着大家问着各种问题，我心里很后悔。

方老太是我们最熟悉的陌生人，我们打交道二十几年，我们争先恐后告诉她自己的近况，无论她记不记得住，我们没有一个人关心过她——也许不是不关心，而是小时候听说的那些故事，让我们不知道找一个什么样的理由去触碰。

没有人知道方老太具体的岁数，没有人知道方老太的身高，没有人知道她的生日，她是哪里人，炸臭豆腐之前做着什么，现在老公和孩子还好吗？

没有人在意这个人，我们只是在意她是否还存在于我们的生活中，滋养着我们的回忆。

闭上眼睛，无论何时经过小学的拐角路口，那个臭豆腐摊一直都在，就像一个地标性的建筑。感觉这一辈子，那个摊都会在那儿。感觉下辈子，那个摊也一直会长在那儿，生了根一样。

"不亲眼看到，我是不会相信的。"

下了火车，就和同学打车直奔小学。

二十多年熟悉的景象没了。

拐角处空空荡荡，什么人都没有。走过去，曾经滴在地上的油渍都被清洗得干干净净。几十年的落灰，风一吹，就没了痕迹，消失在人迹罕至的人行道尽头。

方老太死了。

我和同学对望了一眼，两个人瞬间就红了眼眶。

为什么会哭呢？其实我也不理解。

是哭没有那么好吃的臭豆腐了？是哭再也见不到方老太了？是哭我们丢掉了童年最美好的回忆？是哭我们以后要换一个新的聚会的碰头地点了？我不知道，反正就站在那个拐角处，吹着寒风，眼泪不停地流下来。

那时我才感觉到,原来这里是个风口,原来这里那么冷,原来方老太在这个风口站了二十几年……我们对方老太的了解真的太少太少了。

那之后,群里再也没有人提过臭豆腐这件事,也没有人去过小学的拐角处,要经过也会选一条道绕过去。那之后,我再看见臭豆腐,都本能地避开。有人问:"你以前不是挺喜欢吃臭豆腐的吗?"

也许,我只是不希望有别的东西取代对于方老太的回忆吧。

虽说要把心里清空才能腾出地方放新的东西,但心里为何一定要放新的东西呢?

一晃又是一年过去。

去年快要回家的时候,小武突然在群里闪了一下。

他发了一个哭的表情,然后说:"方老太没有死……"

"！！！！！！"

"！！！！！！"

"！！！！！！"

一时间群里被各种各样的表情刷屏了。

是震惊。

是欣喜。

是狂怒。

是振奋。

是希望。

"怎么回事？怎么回事？？？！！！"

每个人都用各种表情符号来强化自己的内心感受,其实知道方老太还在就是最好的答案了,再问这些,只是为了想更了解她一点儿而已。

"方老太年纪大了之后,身体不太好。但每天都坚持出来摆摊,后来重感冒引发肺炎,倒在那儿,被送到医院抢救,住了一个多月的院终于好了。那天我路过,她又在那摆摊,我也惊呆了。问了之后,才知道怎么回事。"

于是放假第一件事情就是结伴去臭豆腐摊,去见方老太。

远远望去,她正弯着腰在炸豆腐。她身上的水分也好像被这几十年的油过了一道,干干的,不似印象中那么饱满了。

看见她,心里有大哭的冲动,却拼命忍着。这一次,我们不再像之前那么叽叽喳喳,每个人都轻轻地说话,静静地看着她。我问:"方老太,听说你之前身体不好,你怎么还出来摆摊啊?"

方老太看着我说:"听说你们都以为我死了,好多人都哭了。说以后不知道去哪里吃臭豆腐了。你看到没,我加了一个牌子,上面写着我的汤料的做法……"

我转过头看了一眼,牌子上写着,"方老太汤料配方:朝天椒五十克,八角十粒,小茴和花椒各十克,甘草十片,桂皮两片,草果三个,陈皮一个……十杯水用锅子慢火熬,快起锅时加入葱花姜蒜,还有半干的萝卜丝,然后再放三勺新鲜滚烫的茶油浇上去……"我赶紧拿手机拍了下来。

"方老太,你还记得我小时候最喜欢拿八分钱买一块臭豆腐吗?你总是给我打很多汤料,好吃的萝卜丝都在里面。"

"我怎么会不记得呢?别人都是五块五块地买,你总是一块一块地买,后来我看出你不好意思,我就帮你把一块弄成九小块,放很多料,你吃得可开心了。"

"方老太,那你还记得他的名字吗?"同学问她。

"那我不记得了,我老了,都快八十了,你们原谅我吧。"

"方老太,你是哪里人啊?"

"方老太,你住哪里啊?"

每个人都把这些年憋着没问的问题问了出来。

"方老太,我要一块臭豆腐,你帮我弄成九小块吧。"我说。

后来每个人的生命中都有一两样食物,无论何时吃到、想起,都会感动不已。

有的是割舍不断的乡情,有的是来自家人的温暖。

方老太在我以及很多同龄人的生命中扮演的则是家乡美食的角色。

她的臭豆腐真的有那么好吃吗?朋友每次听我说起方老太的时候,都很质疑。好吃与否并不重要,只因它承载了童年的记忆,赋予了灵魂的归宿,味道便独一无二,贵如珍宝。

方老太不是卖臭豆腐的老太太,她是替我们保管记忆的人。

听同学说起,最近,方老太的儿子带着媳妇也会来帮她的忙、接她的班了。方老太会很开心地给大家介绍他们,说如果有一天自己不在了,也希望大家能照顾儿子和儿媳妇的生意。大家都拼命点头说一定

忽然洞开的窗子

一定,顺便还帮着方老太数落他的儿子,缺席了二十几年,他妈妈够累的。

听说方老太的儿子特别不好意思,不停地道歉,说以后再也不会让妈妈操劳了。

我想方老太这辈子最开心的事情应该有两件,第一件是看着我们所有人长大,第二件是终于等到了自己的儿子长大。

/ 思考 /

1. "我"只买了一块臭豆腐,方老太却每次都要把小小的一块切成九小块,你能理解方老太的用意吗?

2. 文章结尾处写方老太最开心的事情有两件,"第一件是看着我们所有人长大,第二件是终于等到了自己的儿子长大",想一想文中的哪几处内容照应了这句话?

/ 荐读 /

怀念一个人,惦念一座城,珍藏一段往事。每个人的脑海里,都有一段关于往昔的记忆。半个多世纪前,一个叫英子的小姑娘,住在老北京城南的一条胡同里。京华古都的城垛颓垣、残阳驼铃、闹市僻巷……都让英子感到新奇;遍体鞭痕的小伙伴、出没荒草丛中的小偷、朝夕相伴的乳母、沉疴染身的慈父……都曾与英子玩过、笑过、生活过。你的记忆深处,是否也有那样一个小伙伴和那样一座小城等着你去惦念呢?一起来读《城南旧事》这本书,找寻你熟悉的童年味道故事。

书　　名:城南旧事
作　　者:林海音
出版信息:商务印书馆 2012 年版

小　连[1]

杨　葵

/导读/ 一个关于"白轮船"的秘密，勾连起"我"生命里一段和小连有关的记忆。那段往事充满温暖，令"我""贪恋"至今。

那天接到朋友短信，艾特玛托夫去世。八十岁。肺癌。

当时看了并无特别反应。及至夜深，周遭寂静，心里泛起二十年多前一件往事。开始星星点点，渐渐缀成片段。小连是这往事的主角。

八十年代末，我大学毕业实习，在一所中学做了三个月的老师，教语文。小连是这班上的语文课代表。

当时女孩流行披肩发，课堂一水儿的长发披肩中，小连很扎眼，是刘胡兰式的发型，很倔强的气质。小连穿衣的颜色也不流俗，很寡淡，不是黑就是灰。不过后来经我仔细观察，发现寡淡中藏着细密——每天早上来时，衣服都是熨过的，折线笔直，刀刃似的，一丝不苟，不重表面专重内在的架势。

小连神情木讷，寡言少语。照理每天她要收齐全班同学的作业本交给我，每次来，撂下就转身，连个笑容都没有，更没有一句话。我当时理解，她这份木讷，是有一种孤傲在里头，大概觉得我这个"老师"不过大她两三岁，有点不服气。

有天放学，我与她恰巧骑车同行，有一搭没一搭地闲聊，气氛沉闷。突然她问道，老师知道艾特玛托夫么？看过《白轮船》么？

---

[1] 选自《百家姓》，广西师范大学出版社2014年版。杨葵，1968年生，作品有《在黑夜抽筋成长》《过得去》等。

忽然洞开的窗子

那是八十年代，外国文学的译介正处在黎明前黑暗阶段，不安分的文学青年们仍在四处搜寻早年著名的"黄皮书"，即内部发行的一些"供批判用"的外国小说，其中就有艾特玛托夫的名篇《白轮船》，是我当时的钟爱之一。原来小连也看过。

得知我也喜欢艾特玛托夫，喜欢《白轮船》，小连突然话密起来，一句紧似一句，如同泄洪闸门突然大开，直聊到分手的岔路口，仍然滔滔不绝，意犹未尽。

从那以后，小连在学校好像变了个人，开朗了，面部表情丰富，常常听到她的笑声。有时在楼道里看到她，走路一跃一跃的，全然不似原来那样木讷、孤傲。课下见到我，如果我没事儿，就天南海北一通闲聊。穿着还是灰黑色的基调，当然，还是每天熨过，不过偶尔会带些鲜艳色彩的小配饰品了。

又隔了几天，和小连在校门口正打个照面。正值冬季，清晨的天际线上，启明星闪闪发亮。她指着那颗星星说：我管那颗星星叫"白轮船"。然后又稍带羞涩地说：这是我的小秘密，老师不要告诉别人。

从此我与小连共享"白轮船"的秘密。我们年岁相仿，我能理解她的心思——有自己私密的钟爱，但在同学当中，没有可以交流的对象，猛然出现一个我，能与她分享这一秘密，让她体会到简单、美好、纯情，恰如《白轮船》描绘的明净天地，这让她在冰冷、压抑、干枯的高中生活中，体会到片刻温暖。

星移斗转，小连如今身在何处，忙些什么，音讯杳无。要说起来，这才是人世间的现实，相遇、分离全都猝不及防，所谓温暖，也是内心一层幻象而已。不过这层幻象比较隐秘，隐藏得深，因而不易觉察。

真个是冷热易躲，温暖难防，如我此刻絮絮叨叨回忆这段往事，实际也正是借着写小连的名义，在贪恋片刻温暖吧？好吧，就算是我和小连把这一刻温暖，送给正在冰天雪地的广袤大地下长眠的艾特玛托夫。

/ 思考 /

1."这让她在冰冷、压抑、干枯的高中生活中，体会到片刻温暖。"读完文章,你体会到"片刻温暖"是指什么?

2.文章写的是普通人小连,前后却多次提及作家艾特玛托夫,这两者之间有着怎样的联系呢?想一想作者为什么这样写?

/ 荐读 /

《百家姓》里并没有一百个姓氏的人物,却写了熟悉的陌生人这个矛盾的集合体。它值得你去一探究竟,细细品味。书里很多小人物也许就在你身边,这样的相遇其滋味弥久绵长。像杨葵那样,你也可以将自己人世间途经过的生命故事写进文字里,或清凉如水,或热闹非凡……其实,所有刻有你生命痕迹的故事都是值得书写的"神话"。

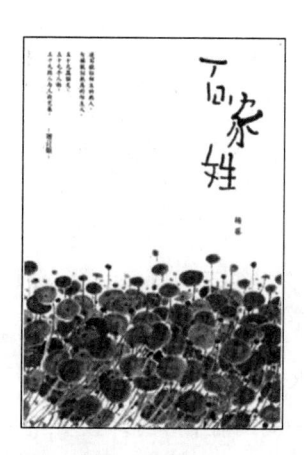

书　　名:百家姓
作　　者:杨葵
出版信息:广西师范大学出版社2014年版

两个故事[①]（节选）

艾特玛托夫

/导读/ 大森林里有个忠实、可靠、可亲的守护者叫作"莫蒙"。他守护着森林，守护着长角鹿妈妈的传说，可"那些精明人"喜欢取笑他。不过，小男孩却认为"自己有个外公，总是好的"。

    那些过分精明的人给莫蒙老汉取了个外号叫"快腿莫蒙"。方圆左近的人都认识他，他也认识所有的人。莫蒙所以得到这样的外号，就因为他一向对任何人，即使只有一面之识的人，都十分热忱，他乐意随时为别人做事，为别人效劳。不过，谁也不看重他的热忱，就好比一旦开始无偿地散发黄金，黄金就不可贵了。人们对待莫蒙，也不像对待一般他这种年纪的人那样尊敬。跟他相处很随便。不论为哪一位德高望重的布古族长者举行盛大的丧宴（莫蒙是布古族人，他觉得这很荣耀，从不放过参加同族人丧宴的机会），都派他宰牲口，迎接贵宾，扶贵宾下马，献茶，要不然就是劈柴，挑水。在盛大的丧宴上，四面八方来的宾客那样多，操劳的事能少得了吗？不论交给莫蒙什么事情，他干得又快又利落，主要是他不像别人那样偷懒耍滑。村里那些负责操办丧宴接待大批客人的年轻媳妇，看到莫蒙干得那样麻利，总要说："要不是快腿莫蒙，我们真招架不住！"

    带了外孙远道而来的这位老人家，常常给烧茶炊的人做起下手。别人处在他这种地位会觉得这是屈辱，会受不了的，莫蒙却毫不在乎。

[①]选自《白轮船》，力冈译，天津人民出版社2017年版。艾特玛托夫（1928—2008），吉尔吉斯斯坦作家，作品有《查密莉雅》《一日长于百年》《白轮船》等。

快腿老莫蒙殷勤地为客人效劳,谁也不觉得稀奇。他被叫了一辈子快腿莫蒙,本来就因为这一点嘛。怪只怪他自己是快腿莫蒙。要是旁人表示稀奇,说:"你这么大年纪,为什么要给娘儿们当跑腿的,难道这村里的小伙子都死光了吗?"莫蒙就回答说:"死者是我的兄弟(他把所有的布古人都当作自己的兄弟。其实,死者同其他客人的关系更为密切)。给他办丧宴,我不来干,谁来干呢? 只有这样,我们才叫一家人,打从我们的老祖宗长角鹿妈妈起,我们布古人就是一家人了。圣母长角鹿传给我们的是友爱,要我们一举一动、一思一念都要做到这一点……"

　　快腿莫蒙确实就是这样的人!

　　老老少少都跟他"你我"相称,可以拿他开玩笑,因为老头子是个没有脾气的人;可以拿他不当回事儿,因为老头子是个从不计较的人。难怪俗话说,不会使人尊敬自己,就要受人欺。他就不会。

　　他一生会做许多事情。会做木匠活儿,会做马具,会堆草垛。年轻时他在农庄里干活儿,草垛堆得顶漂亮,到冬天都叫人舍不得拆掉。雨水落到草垛上,就像落到鹅身上一样,哗哗地往下流;大雪落到上面,就像盖起了两面坡的屋顶。战争时期他当过工程兵,在马格尼托城为工厂砌过墙,被大家称誉为斯塔汉诺夫[①]式人物。复员后,在护林所搭起房子,管起了森林。虽然他名义上是个辅助工,可是管理森林的就是他,他的女婿奥罗兹库尔则大部分时间出外交游。除非有时上司突然来到,奥罗兹库尔才亲自领着上司到森林里转转,陪着打点野味,这时他才成了当家人。莫蒙还照料牲口,还养蜂。莫蒙从早到晚都在干活儿,忙忙碌碌地过了一辈子,可就是没有学会使别人尊敬自己。

　　再说,莫蒙的外表也一点没有长者的威仪。既不气派,又没架子,更不威风。他是个老好人,而且叫人一眼就可以看出他身上这个不起眼的人类特征。古往今来现实都在教训这样的人:"别做好人,快做恶人! 给你一鞭子,再来一鞭子! 快做恶人!"可是,不幸得很,他始终是一个屡教

[①]1935 年在顿巴斯煤矿(顿涅茨煤田,乌克兰最大的煤炭基地),以斯塔汉诺夫(1906—1977)为首的采煤队创造了采煤纪录,他们发起了革命者和先进生产者运动,后来全国掀起了劳动竞赛高潮。

不改的好人。他的脸总是笑眯眯的,笑得皱纹上起皱纹,眼睛好像总是在问:"你要什么?你要我给你做点什么事吗?你要怎样,只管对我讲,我马上就办。"

他那鼻子软软的、扁扁的,好像根本没有鼻梁骨。而且他的个头儿不高,是个麻利的小老头儿,像个半大孩子。

胡子嘛,胡子也不像样。真是好笑。光光的下巴上三五根红毛,这就算是胡子了。

你有时可以看到:一位仪表不凡的长者骑马在路上走过,那胡须就像一抱小麦,身穿肥大的皮袄,那宽宽的羊羔皮领子翻在外面,头戴名贵的皮帽,骑的是高头大马,连马鞍也是镀了银的——俨然一副圣人和先知气派,对这种人鞠几个躬也够荣幸的,这种人到处受人尊敬!而莫蒙却生就只是一个快腿莫蒙。也许,他唯一的优点,就是不怕在别人眼前失去自己的尊严(他坐也不讲究,笑也不讲究,说话、回答都不讲究。这也不讲究,那也不讲究……)。就这种意义而论,莫蒙自己也意想不到,他是一个少有的幸运儿。很多人的死,与其说是由于疾病,毋宁说是由于朝思暮想、处心积虑、时时刻刻要抬高自己的身价。(谁又不希望充当一个聪明、漂亮、叫人看得起,同时又是八面威风、一贯正确、举足轻重的人呢……)

莫蒙却不是这样的人。他是个怪人,人们也就拿对待怪人的办法对待他。

只有一件事可以使莫蒙生气,那就是:在为某人筹办丧宴的时候,如果忘记了请他去参加亲属会议……在这种情况下,他往往气得不得了,而且十分难过,但这不是因为没有拿他当回事儿——在这种会议上他反正起不了什么作用,不过到到场罢了——而是因为破坏了古风。

莫蒙有自己的不幸和伤心事,他往往因此十分苦恼,夜里常常哭。这一点外人几乎一无所知。家里人是知道的。

莫蒙一看到站在流动售货车旁边的外孙,就看出这孩子有不称心的事。但售货员毕竟是远道而来的人,老人家还是先跟他打招呼。他赶快翻身下马,两只手一齐向售货员伸了过去。

"大掌柜,恭喜发财!"他半开玩笑半认真地说。"你的商队平安到达啦?生意兴隆吧?"莫蒙满面春风地摇撼着售货员的手,"咱们多日没见啦!欢迎欢迎!"

售货员听了他的话,看着他那寒碜的衣着(还是那双绽开了缝的油布靴,还是老太婆做的那条粗麻布裤、那件破褂子,还是那顶由于雨淋日晒变成褐色的破毡帽),不禁淡淡地一笑,回答说:"商队倒是平安无事。不过,这可不好,商队到你们这里来,你们却躲到森林、山谷里去了。而且还要叫娘儿们守住每一个子儿,就像守住命一样。这里哪怕货物堆成山,却没有人舍得花钱。"

"别见怪,好同志,"莫蒙不好意思地道歉说,"我们要是知道你来,决不会跑开的。至于没有钱,那这是没有办法的事。到秋天等我们卖掉土豆……"

"随你讲吧!"售货员打断他的话,"反正我了解你们这些臭财主。你们住在山里,土地、干草要多少有多少。周围都是森林,三天也跑不遍。你不是还养牲口、养蜂吗?可是要花钱就舍不得了。你就买床绸被面吧,缝纫机也还有一架……"

"真的,没有这么多钱。"莫蒙解释说。

"我才不信哩。你心疼钱,老头子,你一股劲儿地攒钱。攒钱干什么呢?"

"真的没有。我可以向长角鹿妈妈发誓!"

"好吧,那就买段绒布,做条新裤子吧。"

"要是有钱,我一定买,我向长角鹿妈妈发誓……"

"唉,真拿你没办法!"售货员摔了一下手,说,"白跑一趟了。奥罗兹库尔在哪里?"

"一大早就出去了,好像是到阿克塞去了。找牧羊人有事。"

"就是说,是做客去了。"售货员会意地、直截了当地说。

出现了很尴尬的冷场。

"你千万别见怪,好同志。"莫蒙又开口说,"到秋天,真主保佑,等我们卖掉土豆……"

"到秋天还远着哩。"

"这么着,那就请原谅了。要是肯赏光的话,就到我家里喝杯茶吧。"

"我可不是来喝茶的。"售货员谢绝了。

他正要关车门,当下又望了一眼站在老汉旁边、抓住狗耳朵、已准备好跟了汽车跑的孩子,说:

"那就买个书包也好。看样子,这孩子该上学了吧?几岁啦?"

莫蒙脑子里马上出现一个念头:他是得向苦苦劝购的售货员多少买点东西,而且外孙也确实需要一个书包,今年秋天他是该上学了。

"噢,这话对。"莫蒙连忙掏钱,"我还没有想到哩。可不是,已经七周岁,虚岁八岁了。来,过来。"他朝外孙喊。

老人家在几个口袋里翻了一阵子,掏出一张收藏好的五卢布钞票。看样子,这张票子他已经揣了很久,已经被压实了。

"拿去吧,大耳朵。"售货员一面眯眼睛逗弄小男孩,一面将书包递给了他。

"这一下就好好学习吧。学不好文化,就得一辈子跟外公待在山沟里。"

"学得好的。我家这孩子很伶俐。"莫蒙一面数找回的零钱,一面回答说。

然后他朝很不自然地拿着书包的外孙望了一眼,一把将他搂到怀里。

"这可是一件宝贝,到秋天就可以去上学了。"他轻声说。外公一只僵硬的大手温柔地捂在外孙的头上。

孩子也感觉到,喉咙眼儿好像突然被什么东西堵住了,他深切地感觉到外公太瘦了,他闻到了外公衣服上那种熟悉的气味。那是一种干草气味和干活的人的汗味。这个忠实、可靠、可亲的人,也许是世界上唯一心疼这孩子的人,他就是这样一个憨厚、有些古怪的老头子,那些精明人就是把他叫作"快腿莫蒙"的……那又有什么呢?不管他怎么样,自己有个外公,总是好的。

/ 思考 /

1. 这个乐意随时为别人做事、为别人效劳的"快腿莫蒙"为什么得不到别人尊敬？他又因何事而伤心落泪呢？

2. 文中在很多地方用到了括号，你注意到了吗？请找找括号里的话，想一想这样写好不好，为什么？

/ 荐读 /

一艘白轮船，载着一个孩子的梦想。一个喜欢爬上山顶长久地眺望远处湖中的白轮船的孩子变成了一条小鱼……你想知道这是为什么吗？请你走进《白轮船》吧，这里不仅有善良的"快腿莫蒙"，还有神奇的长角鹿妈妈，更有爱、自由以及承受苦难也不愿放弃自己信仰的执着。最终，孩子是否找到了他的白轮船呢？一起到书中寻找答案吧。

书　　名：白轮船
作　　者：[吉尔吉斯斯坦]艾特玛托夫
译　　者：力冈
出版信息：天津人民出版社
　　　　　2017年版

马伶传[①]

侯方域

/导读/ 耻其技之不若,而去数千里,为卒三年。倘三年犹不得,即犹不归尔。其志如此,技之工又须问耶?

马伶者,金陵梨园部也。金陵为明之留都,社稷百官皆在,而又当太平盛时,人易为乐。其士女之问桃叶渡、游雨华台者,趾相错也。梨园以技鸣者,无论数十辈,而其最著者二:曰兴化部,曰华林部。

一日,新安贾合两部为大会,遍征金陵之贵客文人,与夫妖姬静女,莫不毕集。列兴化于东肆,华林于西肆,两肆皆奏《鸣凤》所谓椒山先生者。迨半奏,引商刻羽,抗坠疾徐,并称善也。当两相国论河套,而西肆之为严嵩相国者曰李伶,东肆则马伶,坐客乃西顾而叹,或大呼命酒,或移坐更近之,首不复东。未几更进,则东肆不复能终曲。询其故,盖马伶耻出李伶下,已易衣遁矣。

马伶者,金陵之善歌者也。既去,而兴化部又不肯辄以易之,乃竟辍其技不奏,而华林部独着。去后且三年,而马伶归,遍告其故侣,请于新安贾曰:"今日幸为开宴,招前日宾客,愿与华林部更,奏《鸣凤》,奉一日欢。"既奏,已而论河套,马伶复为严嵩相国以出,李伶忽失声匍匐前称弟子,兴化部是日遂凌出华林部远甚。其夜,华林部过马伶曰:"子,天下之善技也,然无以易李伶。李伶之为严相国至矣,子又安从授之而掩其上哉?"马伶曰:"固然,天下无以易李伶,李伶即又不肯授我。我闻今相国某者,严相国俦也。我走京师,求为其门卒三年,日侍相国于朝房,察其举止,聆其

[①]选自《虞初新志》,上海古籍出版社2012年版。侯方域(1618—1655),字朝宗,明朝归德府(今河南商丘)人,明末清初散文三大家之一、复社领袖。

语言,久乃得之,此吾之所为师也。"华林部相与罗拜而去。马伶名锦,字云将。其先西域人,当时犹称马回回云。侯方域曰:异哉,马伶之自得师也!夫其以李伶为绝技,无所干求,乃走事某,见某犹之见分宜也,以分宜教分宜,安得不工哉?呜乎,耻其技之不若,而去数千里,为卒三年。倘三年犹不得,即犹不归尔。其志如此,技之工又须问耶?

/ 思考 /

1. 作者侯方域说"异哉,马伶之自得师也"。想一想,马伶这个梨园弟子"异"在何处,用自己的话说一说。

2. 在马伶与李伶第一次竞技中,作者对观众绘声绘色的描写是为了表现观众的鉴赏能力强,还是表现戏班子的演技精湛呢?

/ 荐读 /

你知道马伶的传奇故事出自哪本书吗?它就是清代人张潮编辑的文言短篇小说集——《虞初新志》。它题材广泛,常记录一些看似寻常的人的传奇故事,其中大抵真人真事:有技艺精湛的口技达人,有天下无绝的木雕巧匠,有才情兼具的奇女子,有侠肝义胆的好儿郎……这本不亚于冯骥才的《俗世奇人》的笔记小说,可以让你窥见明末清初这个特殊时代中市井人物身上的光芒。

书　　名:虞初新志
编　　者:[清]张潮
出版信息:上海古籍出版社
　　　　　2012年版

第四单元

精神明亮的人

叶圣陶[①]

张中行

/导读/ 将这篇散文和课文《叶圣陶先生二三事》参照阅读,你对叶老的道德文章一定会有更全面的认识。

一再沉吟之后才写下这样一个题目。沉吟,是因为几个月之前已经写了一篇,题目是《叶圣陶先生二三事》,为完成纪念文集编者交下的任务而拿笔的。名二三事,那篇文章开头曾有解说:"一是他业绩多,成就大,写不胜写;二是遗体告别仪式印了《叶圣陶同志生平》的文本,一生事业已经简明扼要地说了;三是著作等身,为人,以及文学、教育、语文等方面,足以沾溉后人的,都明摆着,用不着再费辞。"这样说,所谓二三事,是想写史传大事之外的一点零碎,与我个人有关,并且我认为值得说说的。那么,这里又有什么必要再拿一次笔呢?原因有外向的,是对于某某生平那样的送行文(或颂行文),依时代框框,千篇一律,取(所谓)重舍(所谓)轻,我,推测也会有别人,兴趣不大。还有内向的,是以前那一篇,虽然非高文典册,也总是板着面孔写的,喜欢听听闲话的诸君未必愿意看,为了照顾另一方面的读者,就不能不把笔由书斋移到篱下,再闲扯一些。

叶圣陶先生是我敬重的师辈,交往近四十年,可说的事很多。所以更宜于闲扯,因为只有闲扯才可以把取轻舍重、挂一漏万的挑剔顶回去。推想叶老有知也会谅解,因为他不只宽厚博大,而且幽默自谦,听到别人讲自己,不管怎样不得体,也总会含笑接受的。但就是这样一个人,上天却

[①]选自《月旦集》,经济管理出版社2012年版。张中行(1909—2006),中国现代著名学者、哲学家、散文家。主要从事语文、古典文学及思想史的研究。叶圣陶(1894—1988),中国现代作家、教育家,有"优秀的语言艺术家"之称。

不睁眼，——也许是睁眼，那是1988年2月16日，正是旧历丁卯年的除夕，神州大地到处响着鞭炮声，所有的人送旧年，一部分人兼送神，也把他送走了。

我第一次见到叶老是五十年代初。知道他这样一位知名之士却早得多，大概要提前二十多年。那是上中学时期，读新文学作品，散文、小说都看，接触的作者不少，其中当然有他。那时候他还不是以字行，所以五十年代之前，我只知道他的大名是叶绍钧。印象呢，大概是觉得，如周氏弟兄，一位长枪短剑，一位细雨和风，各有各的风格，好；如郁达夫，有才子气，也确是有才；叶灵凤，以至徐枕亚之流，有时难免如影片中人的哭，眼泪是借什么药之力挤出来的。叶老的风格，以及推想其为人，是平实，用力写，求好，规矩多于自然。现在回想，当时是无知的牛犊不怕虎，傲而近于妄，幸而只是想了想，还不至于贻笑大方。

且说我能与叶老相识，也是时势使然。其先我是在某中学教书，本来，据旁观者清的旁观，我还是站在前列的，而忽然，形势有变，大家（包括教师和学生）快步往前赶，我则原地踏步，落后了。落后的结果当然是被遗弃，幸而有校长陈君的厚意，让我换个地方，于是到叶老的属下去做编辑工作。往谒见是第一次见面，印象与读作品时有不小的差异：彼时只是平实，这次升了级，是厚重恳切，有正统的儒者风。其后交往增多，是共同修润书稿。起初是当面商酌式。这费时间，他忙，其后就改为由我闭门造车，他复阅。不久又刮来推广普通话的风。叶老是既非常重视语文，又非常拥护推广普通话的，可是他的话，跟家乡人说还是吴侬软语，跟一般人说也只能南腔北调。他虽然未必是王阳明的信徒，却一贯知行合一，严格律己。他还常写文章，希望印成铅字，句句是普通话的味儿。这自然不是毫无困难，至少是没有百分之百的把握。他希望我这生在北国的人能够协助。长者所命，义不容辞，但附带个条件，是提出修改意见，请他考虑。他说这样反而费事，不如直接动笔，如果他不同意，就再改回来，也附带个条件，是不限于语言方面，看内容方面有不妥，也动笔，不要客气。我遵命。可是他却很客气，比如有一两处他认为可以不动，一定亲自拿来，请我看，问我同意不同意。我为他的谦虚很不安，请下次不要再这样。他答应,可是下次还是拿来商量。文章发表了,让他的秘书送来一部分稿费。我遵"弟子服其劳"的古训,不敢收,附信奉还。又送来,也附信,说他劳动得了酬,我也劳动,得酬是天经地义。我坚守古训,还是不收。再来信,动了真刀真枪,说再不收,他将理解为我不愿帮忙,那就只好不求了。我无可奈何,只好说收,但附带一个小条件,是不得超过十分之一。他又来信,说核算了,是七分之一,以下说:"恕我说句狂妄的话,尊敬不如从命。并且希望,这是为此事的最后一封信。"我看后很感动,也就只好从命,不再为此事写信。稍后,根据这个君子国的协定,还有个后来居上的大举,是为他整理一本《叶圣陶童话选》,仍是我起草,他复阅,定稿。书于1956年出版,我又看一遍,发现第18页《稻草人》那一篇,写牛"扬着头看天",觉得迁就语音(yáng)不顾字面(仰),错了,是受人之托未能忠人之事。幸而不久之后翻阅《红楼梦》,第28回写宝玉说完"女儿悲"的酒令,众人都说有理,只有那位呆霸王"薛蟠独扬着脸",知道这位曹公早已先于我自我作古,心里才安然了。这时候,叶老的普通话本领已经满可以过关,因而共同修润文章的工作就心照不宣地结束。

以上是说他的为人,认真,有德。关于德,以前那一篇也曾提到,大致说了以下这些意思。《左传》说不朽有三种,居第一位的是立德。在这方面,就我熟悉的一些前辈说,叶老总当排在最前列。何以这样说?有大道理为证。中国读书人的(指导行为的)思想,汉魏以后不出三个大圈圈,儒道释。揉合的情况很复杂,有的人儒而兼道,或阳儒阴道;有的人儒而兼释,或半儒半释;有的人达则为儒,穷则修道(或道或释的道);等等。叶老则不揉合,是单一的讲修齐治平的儒;或者更具体一些说,是名副其实的"躬行君子,则吾未之有得"的躬行君子。这也很容易举证。先说常人像是也能做到的,是以多礼待人。只说我亲身经历的,有事,或无事,到东四北八条他的寓所去看他,告辞,拦阻他远送,无论怎样说,他一定还是走过三道门,四道台阶,送到大门外。告别,他鞠躬,连说谢谢,看着我上路才转身回去。晚年,记得两次是他在病中。一次在家里,不能起床了,我们同去三个人,告辞,他伸出两手打拱,并连说谢谢。一次在北京医院,病相当重了,也是同去三个人,告辞,他还是举手道谢。我走到门口,回望一下,他的眼角像是浮着泪。还有常人难于做到的,是五十年代前期,一次开人数不很多的什么会,谈到批评和自我批评的问题,他说,这,他只能做到一半,是自我批评;至于批评,别人的是非长短,他不是看不出来,可是当面指摘人的短处,他总是说不出来。这是儒家的"躬自厚而薄责于人",从某种观点看也许太过时了,但我总是觉得,与一些时代猛士的背后告密、当面揭发相比,力量会大得多,因为能够促使人自重,努力争取不愧于屋漏。

与叶老的交往,中间断了一些年。那是"文革"的大风暴时期,我自顾不暇,还见了一次给他贴的大字报。我很惊讶,像叶老这样的完人,举过,居然也能贴满一堵长席墙。幸而这有如日月之蚀,一会儿就过去。其后,推测是借《庄子》"佚我以老"的常情的光,没听到他也到干校去接受改造的消息。我呢,到干校,改造结业,却因为妻室在都市只是家庭妇女,不得回城,两肩扛着一口,奉命到早已没有一个亲属的故乡去领那一份口粮。大概是七十年代中期某年的春天,风暴的力量渐减,我以临时户口的身分在妻女家作客,住西郊,进城去看他。他家里人说,很少出门,这一天有朋友来约,一同到天坛看月季去了。我要一张纸,留了几句话,其中说到乡居,说到来京,末尾写了住址,是西郊某大学的什么公寓。第二天就接到他的信。他说他非常悔恨,真不该到天坛去看花。他看我的地址是公寓,以为是旅店之类,想到我在京城工作这么多年,最后沦为住旅店,感到很悲伤。我看了信,不由得想起《孟子·离娄》篇的话:"禹思天下有溺者,由(犹)己溺之也;稷思天下有饥者,由己饥之也。"心里也很悲伤。悲伤,是因为这使我想到水火、圣贤、遇合等等问题。

叶老的宽厚和躬行,据我所知,也表现在家门之内。只说说他的夫人胡墨林女士,她,我也很熟。人于宽厚之外,还加上苏州妇女特有的精干。通文,如对我这样健忘的人有大用的《十三经索引》,就是以她为主力编成的。可惜天不与以寿,于五十年代后期因不治之症逝世。叶老很悲痛,写了一些悼亡诗。我分得一份刻印本,觉得风格挚而无华,与潘岳、元稹、纳兰成德等人的气味不一样。我想,这才真是所谓"行有余",然后"文"。记得叶老说过他们的结合经历,是没有现在年轻人那些花样,但一生感情很好。这话确是实事求是,果然,胡女士逝世之后,叶老就独身度日,依旧平静勤恳,比胡女士晚走了约三十年。

以上说的几乎都是身教方面的,这像是模棱,其实分量很重,如我这心有余而力不足的人就常常感到扛不动。不得已,只得转为说言教。这"言"是借用,实际是指范围大大缩小的语言或语文。这方面的言教,共两类,我听到不只一次。一类是关于行文应该用什么样的语言的,这,很多人都知道,叶老是主张"写话"。他说:"写成文章,在这间房里念,要让那间房里的人听着,是说话,不是念稿,才算及了格。"行文用语的问题是个大问题,这里不宜于岔出去多说。只说叶老这个主张会碰到二难。一种难是认识方面的,尤其近些年,有不少以写作为事甚至以作家自居的,是或有意或无意,以为既然成文,就应该不像话。另一种难是实行方面的,有大量的印成品为证,是写得像话不是算不了什么,而是非常之难。我基本上是叶老的信徒。说基本上,是因为写话之"话"究应何所指,其中还有不少需要进一步研究的问题。这太复杂,与闲话的情调不合,只得从略。另一类是关于行文应该求简的,他说:"你写成文章,给人家看,人家给你删去一两个字,意思没变,就证明你不行。"这与用什么语言相比,像是小节,只是求干净利落,不拖泥带水。但是做到也大不易,因为时下的文风是乐于拖泥带水。比如你写"我们应该注意",也许多数人会认为你错了,因为流行的说法是"我们应该引起注意"。同类的情况无限之多,从略。这情况表明,时下的文里有不少废话废字,而有不少人偏偏欣赏,因而就成为文病。对于文病,叶老是深恶痛绝的。这,有的人也许会说是小题大作。大也罢,小也罢,我觉得,这种恨铁不成钢的苦心总是值得偏爱"引起"的诸君深思的。

闲话说了不少,应该总括一下,是与叶老交往近四十年,受到的教益太多了。惭愧的是感激而未能躬行,甚至望道而未之见。勉强可以自慰的也许只是,还知道感激,还知道望;并且写了纪念文章,不是一篇,而是两篇。

/ 思考 /

1. 作者在文中用"正统的儒者风""躬行君子"等称赞叶圣陶先生,作者这样说的理由有哪些?如果让你来评价叶老,你会怎么说?

2. 叶圣陶先生是作者敬重的师辈,作者却一再表明用"闲扯"的方式写叶圣陶,作者为什么要这样写呢?对于这种写法,你赞同吗?

/ 荐读 /

《月旦集》写了六十多位人物,以作者自己的话来说,高高低低,男男女女,写了不少。从大名鼎鼎的辜鸿铭、陈寅恪到籍籍无名的汪大娘、凌大嫂。难得的是,张中行的生花妙笔对各类人物都能勾魂摄魄,刻画出人物的精神气质。作者臧否人物,既含蓄又坦诚,那是一种富有智慧的幽默,细细品读才能悟出弦外之音。张中行学养深厚,行文却如话家常,毫不生涩,这使他的散文可读而且耐读。书中有不少典故,看似信手拈来,但需细细推敲,多多探讨,才能弄明白,而这也是读《月旦集》的乐趣之一。

书　　名:月旦集
作　　者:张中行
出版信息:经济管理出版社
　　　　　2012年版

我想听你把话说完[①]

黄雅芸

/导读/ "孩子,你慢慢来!"就算这是关乎老师成败的重要时刻,她也一定会对学生说:"别着急,想清楚,接着说……"

会场很大,灯光照亮了舞台。现今很多公开展示的教学活动,不得不从教室搬到这里。

"嘟——"不很张扬却清晰入耳的长声哨响。

正站着发言的学生一愣。

她亦微微一怔,随即微笑地对孩子说:"不要紧,你继续说。"

孩子捡起被哨声打落在地的思路,继续往下说。

现场很静,听得到秒针嘀嗒的声音。

这是一次省级小学教师学科素养选拔赛,项目很多,从朗诵、写字、个人才艺到综合答题,一环一环地进入到现在的课堂教学。当然,课堂教学占总分的比值最大,达60%。赛前预备会上发的"比赛规则"明确指出:必须听哨下课,哨声一响,意味着扣分开始;二次哨响,加倍扣分。她在这条规则下用红笔画了两条深红色的波浪线,旁边还打了个大大的红五角星。赛前有专家叹息,这样高手云集的大赛,竞争激烈到靠小数点后两位数来排次序,说"差之毫厘,失之千里",一点也不过分。

就在课前一个小时,她还在细细地阅读着这些扣分细则,并盘算着自己的分数目前排名第几,课堂教学要拿到多少分才有出线的把握。

哨声响时,这位腼腆的男生,正为概括课文内容认真思索并努力地组织语言。不难看出,他的思路如一群本就柔弱的鸟儿被一声哨音惊得一哄而散,他费劲地搜罗着散失的思维碎片,口中却只有"唔……嗯……呃……"

[①]选自《一盏一盏的灯》,江苏教育出版社2013年版。

忽然洞开的窗子

老师微笑的眼神落在他额头渗出的细小汗珠上,微笑里便更多了一份抚慰:"别着急,想清楚,接着说……"

孩子断断续续地说下去,说着说着,话语渐渐连贯起来。其实,概括课文不必也不应该那样细致描述的,但他的思路正变得清晰,表述开始流利,老师不忍心打断这样的进步,同学们也都沉静地听着。

眼看他就要说清了,两声急促的哨音尖厉地刺穿整个会场的平静。哨音再次让他愣住。

这回,她有些恼了,径直走到孩子桌前,正视着孩子为难的目光,斩钉截铁地说:"别管它!继续说,我想听你把话说完。"她的语气难掩情绪的些许起伏,她努力克制着,平静而坦然,专注地倾听这个孩子说完他的最后几句话。

下课了,她回到选手座位席坐下,身边相熟的老师凑过来说:"太可惜了,这次因超时你要吃大亏了!"她轻轻扭过头去,自言自语地说:"这种时候,没得选的。"

她有得选吗?面对孩子清澈的眼眸叫"停"?仅仅为了遵循那个所谓的"游戏规则"?

那几十秒钟,她只看到学生额上沁出的细密汗珠,只看到他心底张皇的犹豫,那几十秒钟,她只想让他安心把话说完,仅此而已。

是龙应台说过的吗?孩子,你慢慢来。

今天,一个孩子慢慢地把话说完;将来,有一天,当他的发言准确简练,既精彩又睿智的时候,他会不会偶然记起,曾经有个教师微笑着鼓励他"别着急,想清楚,接着说……"?

她只觉得,自己做了教师该做的事。

不远的话筒里传来一串嵌满数字的声音:去掉一个最高分,去掉一个最低分,平均分……扣去超时分,最终得分……

不知怎的,这些声音,离她很远。她的心里很安静。

/ 思考 /

1. 老师为了听学生把话说完而拖堂,有人深为感动,有人却极为不满，认为既有规则，就该遵守。你的看法呢？你有解决这一困难的办法吗？

2. 请比较文中两次对哨声的描写，想想这样写分别有什么样的表达效果。

/ 荐读 /

书中讲述了六十个朴实感人的教育教学故事，读着这一个个故事，我们会仿佛置身于其中，会感觉这些故事似曾在自己身上发生过或正在发生着。《老师，你很天真》《不一样的"阿慢"》《凭什么称"差生"》……这些故事就像一盏一盏的灯，在我们阅读过程中逐次点亮，让我们看见教育中的"美""爱"与"责任"。一盏一盏的灯，温暖着我们的心灵，照亮前行的路，也促使我们去思考什么是真正的教育。

书　　名：一盏一盏的灯
作　　者：吴非
出版信息：江苏教育出版社
2013年版

向儿童学习[1]

王开岭

/导读/ 童年是一个人的身世中的一段"伟大"的时光,保持童心的人,才是真正的人。

每个人的身世中,都有一段称得上"伟大"的时光,那就是他的童年。泰戈尔有言:"诗人把他最伟大的童年时代,献给了世界。"或许亦可说:孩子把他最美好的童贞,献给了成人社会。

孩提的伟大在于:那是个怎么做梦都不过分的季节,那是个深信梦想可以成真的年代……人在一生里,所能给父母留下的最美好的馈赠,莫过于其童年了。

德国作家凯斯特纳在《开学致词》的演说中,对家长和孩子们说——

"这个忠告你们要像记住古老纪念碑上的格言那样,印入脑海,嵌入心坎:那就是不要忘怀你们的童年!只有长大成人并保持童心的人,才是真正的人……假若老师装作知晓一切的人,你们要宽恕他,但不要相信他。假如他承认自己的缺陷,那你们要爱戴他……不要完全相信你们的教科书,这些书是从旧的书里抄来的,旧的又是从老的那里抄来的,老的又是从更老的那里抄来的……"

作家的最后一句话让我激动得几乎颤抖了。他这样说——

"现在想回家了吧,亲爱的小朋友?那就回家去吧!假如你们还有一些东西不明白,请问问你们的父母。亲爱的家长们,如果你们有什么不明白的,请问问你们的孩子们。"

请问问你们的孩子们!多么意外的忠告,多么精彩的逆行啊。

---

[1] 选自《精神明亮的人》,山西人民出版社 2009 年版。王开岭,1969 年生,中国现代作家,作品有《精神明亮的人》《古典之殇》《激动的舌头》等。

公正的上帝,曾送给每个生命一件了不起的礼物:嫩绿的童年!可惜,这嫩绿在很多人眼里似乎并没什么价值,结果丢得比来得还快,褪得比生得还快。

儿童的美德和智慧,常被成人粗糙的双目所忽视,常被不以为然地当废电池一样地扔进岁月的纸篓里。很多时候,孩提时代在教育者那儿,只被视作一个"待超越"的初始阶段,一个尚不够"文明"的低级状态……父母、老师、长辈都眼巴巴焦急地盼着,盼他们尽早摆脱这种幼稚和单薄,"从生命之树进入文明社会的罐头厂"(凯斯特纳语),尽早地变作和自己一样"散发着罐头味的人"——继而成为具有呵斥下一代资格的"正式人"和"成品人"。

也就是说,儿童在成人眼里,一直是被当做"不及格、非正式、未成型、待加工"的生命类型来关爱与呵护的。

这实在是天大的误会!天大的错觉!天大的自不量力!

1982年,美国纽约大学教授尼尔·波茨曼出版了《童年的消逝》一书。书中一重要观点即:捍卫童年!作者呼吁,童年概念是与成人概念同时存在的,儿童应充分享受大自然赋予的童年生活,教育不应为儿童未来而牺牲儿童现在,不能从未来的角度提早设计儿童的当下生活……美国教育家杜威也指出:"生活就是'生长',一个人在某一阶段的生活,和另一阶段的生活同样真实、同样积极,其内容同样丰富,地位同样重要。因此,教育就是无论年龄大小,都要为其充分生长而供应条件的事业……教育者要尊重未成年状态。"目前,国际社会普遍信奉的童年诉求包括:首先,须将儿童当"人"看,承认其独立人格;其次,须将儿童当"儿童"看,不能视为成人的预备;再者,儿童在成长期,应提供与之身心相适应的生活。

对儿童的成人化塑造,乃这个时代最丑最蠢的表演之一。而儿童真正的乐园——大自然的被杀害,是成人世界对童年犯下的最大罪过。就像鱼缸对鱼的罪过,马戏团对动物的罪过。我们还有什么可向儿童许诺的呢?

忽然洞开的窗子

人要长高,要成熟,但成熟并非一定是成长。有时肉体扩张了,年轮添加了,反而灵魂萎缩,人格变矮,梦想溜走了。他丢了生命最初之目的和逻辑,他再也找不回那股极度纯真、天然和正常的感觉……

"回家问问孩子们!"并非一句戏言,一个玩笑。

在热爱动物、反对杀戮、保护环境方面,有几个成年人能比孩子理解得更本色、履践得更彻底和不折不扣呢?

当成年人忙于砍伐森林、猎杀珍禽、锯掉象牙、分割鲸肉……忙于往菜单上填写熊掌、蛇胆、鹿茸、猴脑的时候,难道不应回家问问自己的孩子吗?当成年人欺上瞒下、言不由衷,对罪恶熟视无睹、对丑行隔岸观火的时候,难道不应回家问问自己的孩子吗?

有一档电视节目,播放了记者暗访一家"特色菜馆"的影像,当一只套铁链的幼猴面对屠板——惊恐万状、拼命向后挣扎时,我注意到,演播室的现场观众中,最先动容的是孩子,表情最震荡的是孩子,失声啜泣的也是孩子。无疑,在很多良知判断上,成年人已变得失聪、迟钝了。一些由孩子脱口而出的常识,在大人们那儿,已变得嗫嚅不清、模棱两可、含糊其词了。

应该说,在对善恶、正邪、美丑的区分,在对两极事物的判断、投票和立场抉择上,儿童比成人要清晰、利落和果决得多。儿童生活比成人要天然、简明、纯净,他还不懂得妥协、隐瞒、撒谎、虚与委蛇——这些"厚黑"术。在对弱者的态度上,他的爱意之浓度、援手之慷慨、割舍之坦荡,尤其令人感动和着迷,堪与最纯洁的宗教行为相媲美。

"天真"——这是我心目中对生命的最高审美了。

那时候,我们以为天上的星星一定能数得清,于是便真的去数了……

那时候,我们以为所有的梦想明天都会成真,于是便真的去梦了……

可以说,童年所赐予我们的幸福、勇气、快乐、鼓舞和信心,童年所教会我们的高尚、善良、温情、正直与诚实,比人生任何一个时期都要多,都要丰盛。

有一次,高尔基去拜访列夫·托尔斯泰,一见面,老人就对他说:"请不要先和我谈您正在写什么,我想,您能不能给我讲讲您的童年……比如,您可以想起童年时一件有趣的事儿?"显然,在这位历尽沧桑的老人眼里,再没有比童年更生动和优美的作品了。

凯斯特纳的《开学致词》固然是一篇捍卫童年的宣言,令人鼓舞,让人感动和感激。但更重要的是:后来呢?有过童贞岁月的他们后来又怎样了呢?一个人的童心是如何从其生命流程中不幸消失的?那即使有过天使般笑容和花朵般温情的他又能怎样呢?倒头来仍免不了钻进父辈的躯壳里去,以致你根本无法辨别他们——像"克隆"的复制品一样:一样的臃肿、一样的浑浊、一样的功利、一样的俗不可耐、无聊透顶……

一个人的童心宛如一粒花粉,常常会在无意的"塑造"中,被世俗经验这匹蟑螂悄悄拖走……然后,花粉消失,人变成了蟑螂。这也就是巴乌斯托夫斯基所说的"生命丢失"罢。

所谓的"成熟",表面上是一种增值,但从生命美学的角度看,却实为一场减法:不断地交出与生俱来的美好元素和纯洁品质,去交换成人世界的某种逻辑、某种生存策略和实用技巧。就像一个懵懂的天使,不断地掏出衣兜里的宝石,去换取巫婆手中的玻璃球……

从何时起,一个少年开始学着嘲笑天真了,开始为自己的"幼稚"而鬼鬼祟祟地脸红了?

/ 思考 /

1."儿童的美德和智慧,常被成人粗糙的双目所忽视。"文中提到了儿童的哪些美德和智慧?它们又是如何被成人所忽视的?

2.作者说,要向儿童学习,你的爸爸妈妈或其他长辈向你学习过吗?问过你的想法吗?试着和他们共读这篇文章,面对面做些交流。

/ 荐读 /

书中说"按时看日出"是生命健康与积极性情的一个标志,也是精神明亮的标志,它代表了一种生存姿态。读《精神明亮的人》,你会为这样透彻明朗的思想而打开心扉,你会激发出对真善美的深沉爱恋和执着追求。王开岭在思考中坚定而明确地说"是"与"不是",绝不含糊其词。对陌生的"草芥者"的悲悯,对索尔仁尼琴的敬仰,对曾经的美好惨遭破坏怀有"无处安放的哀伤"……这些都是涌动着血性的痛苦思考。

书　　名:精神明亮的人
作　　者:王开岭
出版信息:书海出版社
　　　　　2009 年版

平凡的世界[1]

路 遥

/导读/ 吃高粱面馍,买饭时还要掂量甲菜、乙菜,这样的生活我们闻所未闻吧?可这只是孙少平艰难生活的一小部分。

  孙少平上这学实在是太艰难了。像他这样十七八岁的后生,正是能吃能喝的年龄。可是他每顿饭只能啃两个高粱面馍。以前他听父亲说过,旧社会地主喂牲口都不用高粱——这是一种最没营养的粮食。可是就这高粱面他现在也并不充足。按他的饭量,他一顿至少需要四五个这样的黑家伙。现在这一点吃食只是不至于把人饿死罢了。如果整天坐在教室里还勉强能撑得住,可这年头"开门办学",学生们除过一群一伙东跑西颠学工学农外,在学校里也是半天学习,半天劳动。至于说到学习,其实根本就没有课本,都是地区发的油印教材,课堂上主要是念报纸上的社论。开学这些天来,还没正经地上过什么课,全班天天在教室里学习讨论无产阶级专政理论。当然发言的大部分是城里的学生,乡里来的除过个别胆大的外,还没人敢说话。

  每天的劳动可是雷打不动的,从下午两点一直要干到吃晚饭。这一段时间是孙少平最难熬的。每当他从校门外的坡底下挑一担垃圾土,往学校后面山地里送的时候,只感到两眼冒花,天旋地转,思维完全不存在了,只是吃力而机械地蠕动着两条打颤的腿一步步在山路上爬蜒。

---

  [1]选自《平凡的世界》,北京十月文艺出版社2017年版。路遥(1949—1992),中国现代作家,作品有《平凡的世界》《人生》等。

但是对孙少平来说,这些也许都还能忍受。他现在感到最痛苦的是由于贫困而给自尊心所带来的伤害。他已经十七岁了,胸腔里跳动着一颗敏感而羞怯的心。他渴望穿一身体面的衣裳站在女同学的面前;他愿自己每天排在买饭的队伍里,也能和别人一样领一份乙菜,并且每顿饭能搭配一个白馍或者黄馍。这不仅是为了嘴馋,而是为了活得尊严。他并不奢望有城里学生那样优越的条件,只是希望能像大部分乡里来的学生一样就心满意足了。

可是这绝对不可能。家里能让他这样一个大后生不挣工分白吃饭,让他到县城来上高中,就实在不容易了。大哥当年为了让他和妹妹上学,十三岁高小毕业,连初中也没考,就回家务了农。至于大姐,从小到大连一天书也没有念过。他现在除过深深地感激这些至亲至爱的人们,怎么再能对他们有任何额外的要求呢?

少平知道,家里的光景现在已经临近崩溃。老祖母年近八十,半瘫在炕上;父母亲也一大把岁数,老胳膊老腿的,挣不了几个工分;妹妹升入了公社初中,吃穿用度都增加了;姐姐又寻了个不务正业的丈夫,一个人拉扯着两个幼小的孩子,吃了上顿没下顿,还要他们家经常接济一点救命的粮食——他父母心疼两个小外孙,还常常把他们接到家里来喂养。

有一次他去润生家,发现他们家的箱盖上有一本他妈夹鞋样的厚书,名字叫《钢铁是怎样炼成的》。起先他没在意——一本炼钢的书有什么意思呢?他随便翻了翻,又觉得不对劲。明明是一本炼钢的书,可里面却不说炼钢炼铁,说的全是一个叫保尔·柯察金的苏联人的长长短短。他突然对这本奇怪的书产生了强烈的好奇心。他想看看这本书倒究是怎么回事。润生说这书是他姐的——润生他姐在县城教书,很少回家来;这书是润生他妈从城里拿回来夹鞋样的。

润生她妈同意后,他就拿着这本书匆匆地回到家里,立刻看起来。

他一下子就被这书迷住了。记得第二天是星期天,本来往常他都要出山给家里砍一捆柴;可是这天他哪里也没去,一个人躲在村子打麦场的麦秸垛后面,贪婪地赶天黑前看完了这本书。保尔·柯察金,这个普通外国人的故事,强烈地震撼了他幼小的心灵。

天黑严以后,他还没有回家。他一个人呆呆地坐在禾场边上,望着满天的星星,听着小河水朗朗的流水声,陷入了一种说不清楚的思绪之中。这思绪是散乱而飘浮的,又是幽深而莫测的。他突然感觉到,在他们这群山包围的双水村外面,有一个辽阔的大世界。而更重要的是,他现在朦胧地意识到,不管什么样的人,或者说不管人在什么样的境况下,都可以活得多么好啊!在那一瞬间,生活的诗情充满了他十六岁的胸膛。他的眼前不时浮现出保尔瘦削的脸颊和他生机勃勃的身姿。他那双眼睛并没有失明,永远蓝莹莹地在遥远的地方兄弟般地望着他。当然,他也永远不能忘记可爱的富人的女儿冬妮娅。她真好。她曾经那样地热爱穷人的儿子保尔。少平直到最后也并不恨冬妮娅。他为冬妮娅和保尔的最后分手而热泪盈眶。他想:如果他也遇到一个冬妮娅该多么好啊!

这一天,他忘了吃饭,也没有听见家人呼叫他的声音。他忘记了周围的一切。一直等到回到家里,听见父亲的抱怨声和看见哥哥责备的目光,在锅台上端起一碗冰凉的高粱米稀饭的时候,他才回到了他生活的冷酷现实中⋯⋯

/ 思考 /

1. 把孙少平的衣食住行、读书学习的状况简要地罗列出来,然后进行换位思考,如果是你,你会有什么表现呢?

2. 作者对孙少平阅读《钢铁是怎样炼成的》进行了大段的心理描写,写出了孙少平沉醉在阅读中的美好体验。你在阅读中也有类似的体验吗?试用整段的心理描写表达你的体验。

忽然洞开的窗子

/ 荐读 /

马云说:"是路遥的作品改变了我,让我意识到不放弃总有机会,否则我现在还在蹬三轮车呢。"马云所说的作品正是路遥用毕生心血写成的《平凡的世界》。主人公孙少平面对重重磨难,进行艰苦卓绝的奋斗,在平凡的世界中绘出了壮美的人生画卷,最终成为大写的人。相信你在阅读中,对此也会有震撼性的体验。人生的奋斗,理想的追求,在不同的时代都是相似的。在平凡的世界里,"少年壮志不言愁",我们也是可以做到的。

书　　名:平凡的世界
作　　者:路遥
出版信息:北京十月文艺出版社 2017 年版

像自由一样美丽(二则)[①]

林 达

/导读/ 特莱津集中营里,那些美丽的生命之花诉说着人的尊严,诉说着对自由的向往。

(一) 花园

　　鲁特是个女孩,一九三一年四月十九日,她出生在捷克的布尔诺。一九四三年三月十九日,在距她十一岁生日还有整一个月的那天,鲁特被遣送到特莱津。在特莱津犹太人博物馆的儿童画收藏中,有鲁特留下的十二张画作。有粉彩,有水彩,有铅笔素描。她的大多数画作,都是在一九四四年四月至六月之间画的。留给她作画的时间是那么短暂,一九四四年十月十九日,十二岁的小女孩鲁特,被杀死在奥斯威辛集中营。

[①] 选自《像自由一样美丽》,生活·读书·新知三联书店2013年版。林达,一对美籍华人作家夫妇合用的笔名。夫为丁鸿富,妻为李晓琳。林达先后出版了"近距离看美国"系列——《历史深处的忧虑》《总统是靠不住的》《我也有一个梦想》《如彗星划过夜空》等书。

忽然洞开的窗子

    可是在这幅画中，我们看到了：鲁特在集中营里仍然没有放弃她童年美好的梦想。她画的是一个傍晚，在一个花园里，树在绿着，花儿在红着，两个小女孩铺下一条毯子，躺在青青草地上。她们望着紫色的天空和落日余晖，想着：长大后，我要……。画这幅画的时候，死亡的阴影已飘到她们的头上，可是鲁特用自己的画告诉这个世界：我们是孩子，我们有梦想。

    是什么引起了鲁特创作的想象？在特莱津，没有花园和草地。另一个和鲁特一起生活在特莱津的孩子，留下了一首诗，描绘了空间有限的特莱津，孩子们能看到的、仅有的一点美景——开花的栗子树和紫色的天空。也许，正是大自然给孩子们送来的这份礼物，触动了鲁特的回忆和创作的灵感？

一个日落余晖的傍晚

在紫色的、日落余晖的傍晚
在一片开着大朵栗子花的树林下
门槛上落满花粉
昨天、今天、天天都这样。

树上的花在散发着美
又是那么可爱，树干苍老
我都有些害怕去抬头偷窥
它们绿色和金色的冠冕

太阳制作了一顶金色的面纱
如此可爱，让我的身体战栗起来。
在上苍，蓝色的天空发出尖利的声音
也许是我微笑的不是时候。
我想飞翔，可是能去哪儿，又能飞多高？
假如我也挂在枝头，既然树能开花
为什么我就不能？我不想就这样凋谢！

这首诗和鲁特的画作一样，也创作在一九四四年。绝大多数特莱津的孩子就在那一年被杀害。人们只知道这个小诗人曾经住在特莱津的L318或者L417的老兵营房子里，却不知道他的姓名。小诗人的年龄当在十岁至十六岁之间，因为住在那两栋房子里的孩子，一九四四年都在这个年龄段里。

（二）火

库尔特是个小男孩，他出生在一九三二年。我们不知道他怎么来到特莱津的，只知道他来的时候还不满十岁，因为在他十岁的时候——一九四四年，他已经被杀死了。

库尔特画的这张画真美。构图、色彩都很舒服。那是一个美丽安静的村庄，山坡上，站着大树。可是，库尔特的主题是"火"。那个美丽家园是"火"的反衬。也许，这是库尔特对家乡生活的回忆？在很多农村有烧荒，或者烧出防火道的习惯。也许，小小年纪的库尔特，就曾经站在这山坡旁，被眼前的景象所震慑。和平、安宁、美好，是那么迷人。可是，在远处，是舞动着的、滚动推进的浓烈火焰和硝烟的威胁。这样的强烈对比：宁静的美和被毁灭的威胁，都给库尔特留下了不可磨灭的印象。

在库尔特想家的时候，也许，他很自然地就画下了记忆中印象最深的一幕。可是,画完之后看着画面,他或许想到眼前的这个世界,悟到了一些别的什么?

在死亡的威胁下,孩子们的心里,永远装着自己安宁美丽的家。那是他们勇气的来源。

一个叫哈努什·哈申布尔克(Hanus Hachenburg)的孩子写了这样一首诗:

我 的 乡 村

我在心里装着我的乡村,
那是为我的,就为我自己!
美丽的纤维在编织起来
它保存了一个永恒的梦。

我亲吻拥抱我的土地,
在它面前,多少岁月流过。
这土地不仅在地球上
不论在哪里,它也在我们心中。

它在蓝色天空中,在星星里,
只要是有鸟儿生活的地方。
今天我在我的灵魂里看到它,
我的心立刻沉沉地盛满了眼泪。

终有一天,我要高高地飞翔。
从我身体的重负中解脱,
自由地在广阔中飞翔,自由地飞出很远很远,
和我在一起的,是我自由的村庄。

今天那是一个小小的、捧在手心里的梦
围绕着它的却是遥远的地平线
在这些沉甸甸的梦里
还微微闪着战争暴怒的反光。

有一天,我要走进我的村庄,
我要享受我的家乡,
那是我的乡村!那是你的家乡!
那里没有"我"和悲伤。

写诗的哈努什是个男孩。一九四三年十二月十八日,他和妈妈一起,从特莱津被遣送到奥斯威辛集中营的所谓"家庭营"。当纳粹在奥斯威辛集中营准备好大规模的毒气室以后,曾经欺骗囚犯们,谎称那个等候毒杀的住处是专为改善囚犯处境的"家庭营"。哈努什在集中营的文字材料上留下的最后记录,就是他的这次遣送。从此,他和妈妈就像从人间蒸发了一样了无痕迹。战后,他幸存的伙伴们想尽一切方法,怀着最后的侥幸寻找他。他们求助于红十字会的失踪人员寻找机构,查找能够得到的所有的幸存者名单,都没有哈努什的任何线索。他的小伙伴们都记得,十四岁的哈努什曾经写下一首在特莱津广为流传的诗,那首诗的名字是"钟声"。在特莱津,每天清晨,囚犯们都是被一个起床的钟声惊醒。在这首诗里,哈努什写到囚犯们的梦,写到他们如何在梦中回到自己的家。可是,最后,那起床的钟声把他们带回没有悲悯的现实之中。

那些幸存的小伙伴们绝望了。他们说,那"钟声",就是我们的哈努什用文学语言对这个世界最后的告别。

/ 思考 /

1. 从作者对两幅儿童画的解说中,你听到了孩子们心灵的声音了吗?请你细细阅读,把他们内心的美好声音写下来。
2. "太阳制作了一顶金色的面纱/如此可爱,让我的身体战栗起来。"

"今天我在我的灵魂里看到它,我的心立刻沉沉地盛满了眼泪。"这是多么纯净动人的诗句啊?你不想对鲁特、库尔特、哈努什,还有那位不知名的小诗人说些什么吗?请拿起笔,写几句诗吧。

/ 荐读 /

约瑟夫一定是城市的孩子,他在家的时候,一定常常去看他喜欢的火车。可是,他绝没有想到,遣送犹太人的火车把他送上了一条不归路。特莱津集中营里,孩子们的生命旅程很短暂,但他们的每一幅画都很美丽,他们的每一首诗都很感人。在泯灭人性的虐待和屠杀中,孩子们用这样美丽的方式,坚持美的创造,坚守人的尊严。这是怎样的自由,怎样的美丽?这一幅幅画、一首首诗,让我们坚信在人类最黑暗的天空中也会有人性的光辉在闪耀。

书　　名:像自由一样美丽
作　　者:林达
出版信息:生活·读书·新知三联书店 2013年版

追风筝的人[①]（节选）

卡勒德·胡赛尼

/导读/ "曾经年少爱追梦，一心只想往前飞。"放风筝、追风筝都是在追逐梦想，勇敢去追吧！

街上新霁的积雪银光闪闪，天空蓝得无可挑剔。雪花覆盖了每一个屋顶，矮小的桑葚树在我们这条街排开，树枝上也堆满了积雪。一夜之间，雪花塞满了所有的裂缝和水沟。哈桑和我走出锻铁大门时，雪花反射出白晃晃的光芒，照得我睁不开眼。阿里在我们身后关上门。我听见他低声祈祷——每次他儿子外出，他总是要祈祷。

我从来没有见到街上有这么多人。儿童在打雪仗，拌嘴，相互追逐，咯咯笑着。风筝斗士和帮他们拿卷轴的人挤在一起，做最后的准备。周围的街道传来欢声笑语，各处屋顶已经挤满了看客，他们斜躺在折叠椅上，暖水壶里的红茶热气腾腾，录音机传出艾哈迈德·查希尔喧闹的音乐。风靡全国的艾哈迈德·查希尔改进了阿富汗音乐，给传统的手鼓和手风琴配上电吉他、小号和鼓，激怒了那些保守的教徒。无论是在台上表演还是开派对，他都跟以前那些呆板的歌手不同，他拒绝木无表情的演出，而是边唱边微笑——有时甚至对女人微笑。我朝自家的屋顶看去，发现爸爸和拉辛汗坐在一张长凳上，两人都穿着羊毛衫，喝着茶。爸爸挥挥手，我不知道他究竟是跟我还是跟哈桑打招呼。

"我们得开始了。"哈桑说。他穿着一双黑色的橡胶雪靴，厚厚的羊毛衫和褪色的灯芯绒裤外面，罩着绿色的长袍。阳光照在他脸上，我看到他

[①]选自《追风筝的人》，李继宏译，上海人民出版社2006年版。卡勒德·胡赛尼，1965年生于阿富汗喀布尔市，美籍阿富汗裔作家、医生，作品有《追风筝的人》《灿烂千阳》《群山回唱》。

唇上那道粉红色的伤痕已经弥合得很好了。

突然间我想放弃,把东西收起来,转身回家。我在想什么呢?我既然已经知道结局,何必还要让自己来体验这一切呢?爸爸在屋顶上,看着我。我觉得他的眼光像太阳那样热得令人发烫。今天,即使是我,也必定难逃惨败。

"我有点不想在今天放风筝了。"我说。

"今天是个好日子。"哈桑说。

我转动双脚,试图让眼光离开我们家的屋顶。"我不知道,也许我们该回家去。"

接着他上前一步,低声说了一句让我有些吃惊的话。"记住,阿米尔少爷,没有鬼怪,只是个好日子。"我对他脑海盘桓的念头常常一无所知,可是我在他面前怎么就像一本打开的书?到学校上学的人是我,会读书写字的人是我,聪明伶俐的也是我。哈桑虽然看不懂一年级的课本,却能看穿我。这让人不安,可是有人永远对你的需求了如指掌,毕竟也叫人宽心。

"没有鬼怪。"我低声说,出乎意料的是我竟然觉得好些了。

空中已经挂着至少二十来只风筝,如同纸制的鲨鱼,巡游搜猎食物。不到一个钟头,这个数字翻了一番,红色的、蓝色的、黄色的风筝在苍穹来回飞舞,熠熠生辉。寒冷的微风吹过我的头发。这风正适宜放风筝,风速不大,恰好能让风筝飘浮起来,也便于操控。哈桑在我身旁,帮忙拿着卷轴,手掌已被线割得鲜血淋漓。

顷刻间,割线开始了,第一批被挫败的风筝断了线,回旋着跌落下来。它们像流星那样划过苍天,拖着闪亮的尾巴,散落在邻近的街区,给追风筝的人带来奖赏。我能听得见那些追风筝的人,高声叫嚷,奔过大街小巷。有人扯开喉咙,报告说有两条街上爆发冲突了。

我偷眼望向爸爸,看见他和拉辛汗坐在一起,寻思他眼下在想些什么。他在为我加油吗?还是希望我的失败给他带来愉悦?放风筝就是这样的,思绪随着风筝高低起伏。

风筝纷纷坠下,而我的仍在翱翔。我仍在放着风筝,双眼不时瞟向爸爸,紧紧盯着他的羊毛衫。我坚持了这么久,他是不是很吃惊?你的眼睛没有看着天上,你坚持不了多久啦。我将视线收回空中。有只红色的风筝正在飞近——我发现它的时间恰到好处。我跟它对峙了一会儿,它失去耐心,试图从下面割断我,我将它送上了不归路。

街头巷尾满是凯旋的追风筝者,他们高举追到的战利品,拿着它们在亲朋好友面前炫耀。但他们统统知道最好的还没出现,最大的奖项还在飞翔。我割断了一只带有白色尾巴的黄风筝,代价是食指又多了一道伤口,血液汩汩流入我的掌心。我让哈桑拿着线,把血吸干,在牛仔裤上擦擦手指。

又过了一个钟头,天空中幸存的风筝,已经从约莫五十只剧减到十来只。我的是其中之一,我杀入前十二名。我知道巡回赛到了这个阶段,会持续一段时间,因为那些家伙既然能活下来,技术实在非同小可——他们可不会掉进简单的陷阱里面,比如哈桑最喜欢用的那招,古老的猛升急降。

到下午三点,阴云密布,太阳躲在它们后面,影子开始拉长,屋顶那些看客戴上围巾,穿上厚厚的外套。只剩下六只风筝了,我仍是其中之一。我双腿发痛,脖子僵硬。但看到风筝一只只掉落,心里的希望一点点增大,就像堆在墙上的雪花那样,一次一片地累积。

我的眼光转向一只蓝风筝,在过去那个钟头里面,它大开杀戒。

"它干掉几只?"我问。

"我数过了,十一只。"哈桑说。

"你知道放风筝的人是谁吗?"

哈桑啪嗒一下舌头,仰起下巴。那是哈桑的招牌动作,表示他不知道。蓝风筝割断一只紫色的大家伙,转了两个大圈。隔了十分钟,它又干掉两只,追风筝的人蜂拥而上,追逐它们去了。

又过了半个小时,只剩下四只风筝了。我的风筝仍在飞翔,我的动作无懈可击,仿佛阵阵寒风都照我的意思吹来。我从来没有这般胜券在握,这么幸运,太让人兴奋了!我不敢抬眼望向那屋顶,眼光不敢从天空移开,我得聚精会神,聪明地操控风筝。又过了十五分钟,早上那个看起来

忽然洞开的窗子

十分好笑的梦突然之间触手可及：只剩下我和另外一个家伙了，那只蓝风筝。

局势紧张得如同我流血的手拉着的那条玻璃线。人们纷纷顿足、拍掌、尖叫、欢呼。"干掉它！干掉它！"我在想，爸爸会不会也在欢呼呢？音乐震耳欲聋，蒸馒头和油炸菜饼的香味从屋顶和敞开的门户飘出来。

但我所能听到的——我迫使自己听到的——是脑袋里血液奔流的声音。我所看到的，只是那只蓝风筝。我所闻到的，只是胜利的味道。获救。赎罪。如果爸爸是错的，如果真像他们在学校说的，有那么一位真主，那么他会让我赢得胜利。我不知道其他家伙斗风筝为了什么，也许是为了在人前吹嘘吧。但于我而言，这是唯一的机会，让我可以成为一个被注目而非仅仅被看到、被聆听而非仅仅被听到的人。倘若真主存在，他会引导风向，让它助我成功，我一拉线，就能割断我的痛苦，割断我的渴求，我业已忍耐得太久，业已走得太远。刹那之间，就这样，我信心十足。我会赢。只是迟早的问题。

结果比我预想的要快。一阵风拉升了我的风筝，我占据了有利的位置。我卷开线，让它飞高。我的风筝转了一个圈，飞到那只蓝色家伙的上面，我稳住位置。蓝风筝知道自己麻烦来了，它绝望地使出各种花招，试图摆脱险境，但我不会放过它，我稳住位置。人群知道胜负即将揭晓。"干掉它！干掉它！"的齐声欢呼越来越响，仿佛罗马人对着斗士高喊"杀啊！杀啊！"

"你快赢了，阿米尔少爷，快赢了！"哈桑兴奋得直喘气。

那一刻来临了。我合上双眼，松开拉着线的手。寒风将风筝拉高，线又在我手指割开一个创口。接着……不用听人群欢呼我也知道，我也不用看。哈桑抱着我的脖子，不断尖叫。

"太棒了！太棒了！阿米尔少爷！"

我睁开眼睛，望见蓝风筝猛然扎下，好像轮胎从高速行驶的轿车脱落。我眨眨眼，疲累不堪，想说些什么，却没有说出来。突然间我腾空而起，从空中望着自己。黑色的皮衣，红色的围巾，褪色的牛仔裤。一个瘦弱的男孩，肤色微黄，身材对于十二岁的孩子来说显得有些矮小。他肩膀窄小，黑色的眼圈围着淡褐色的眼珠，微风吹起他淡棕色的头发。他抬头望着我，我们相视微笑。

然后我高声尖叫，一切都是那么色彩斑斓、那么悦耳动听，一切都是那么鲜活、那么美好。我伸出空手抱着哈桑，我们跳上跳下，我们两个都笑着、哭着。"你赢了，阿米尔少爷！你赢了！"

"我们赢了！我们赢了！"我只说出这句话。这是真的吗？在过去的日子里，我眨眨眼，从美梦中醒来，起床，下楼到厨房去吃早餐，除了哈桑没人跟我说话。穿好衣服。等爸爸。放弃。回到我原来的生活。然后我看到爸爸在我们的屋顶上，他站在屋顶边缘，双拳挥舞，高声欢呼，拍掌称快。就在那儿，我体验到有生以来最棒的一刻，看见爸爸站在屋顶上，终于以我为荣。

但他似乎在做别的事情，双手焦急地摇动。于是我明白了，"哈桑，我们……"

"我知道，"他从我们的拥抱中挣脱，"安拉保佑，我们等会儿再庆祝吧。现在，我要去帮你追那只蓝风筝。"他放下卷轴，撒腿就跑，他穿的那件绿色长袍的后裾边拖在雪地上。

"哈桑！"我大喊，"把它带回来！"

他的橡胶靴子踢起阵阵雪花，已经飞奔到街道的拐角处。他停下来，转身，双手放在嘴边，说："为你，千千万万遍！"然后露出一脸哈桑式的微笑，消失在街角之后。

/ 思考 /

1. 作者对阿米尔斗风筝的全过程做了细致刻画，从中可以看出阿米尔是一个怎样的男孩？你认为阿米尔的内心最渴望什么？

2. "为你，千千万万遍！"这简短的话语却给人心灵莫大的震撼。这句话在《追风筝的人》后半部分又出现一次，请找出来，体会这句话所包含的真情。

/ 荐读 /

阿米尔和哈桑情同手足,然而,在一场风筝比赛后,两人的友谊破裂,分道扬镳。成年后的阿米尔始终无法原谅自己,为了赎罪,他再度回到家乡,却发现……巧妙、惊人的情节交错,扣人心弦。这是一部关于家庭与友谊、个人与国家、忠诚与血缘、背叛与救赎的小说,也是一个讲述童年的人生选择如何影响成年生活的故事。打动我们的绝不仅是小说中的故事,更有贴近人性的真实而复杂的情感以及对人性的思考。

书　　名:追风筝的人
作　　者:[美]卡勒德·胡赛尼
译　　者:李继宏
出版信息:上海人民出版社
　　　　　2006年版

示弟立志说[①]（节选）

王守仁

/导读/ 王阳明先生深深懂得立志之难，修身养性的功夫要落在细微处。我们一时做不到，但可以"高山仰止，景行行止。虽不能至，心向往之"。

　　夫立志亦不易矣。孔子，圣人也，犹曰："吾十有五而志于学，三十而立。"立者，志立也。虽至于不逾矩，亦志之不逾距也[②]。志岂可易而视哉！夫志，气之帅也，人之命也，木之根也，水之源也；源不浚则流息，根不植则木枯，命不续则人死，志不立则气昏。是以君子之学，无时无处而不以立志为事。正目而视之，无他见也；倾耳而听之，无他闻也。如猫捕鼠，如鸡覆卵，精神心思，凝聚融结，而不复知有其他，然后此志常立。神气精明，义理昭著，一有私欲，即便知觉，自然容住不得矣。故凡一毫私欲之萌，只责此志不立，即私欲便退；听一毫客气[③]之动，只责此志不立，即客气便消除。或怠心生，责此志即不怠；忽心生，责此志即不忽；燥心生，责此志即不燥；妒[④]心生，责此志即不妒；忿心生，责此志即不忿；贪心生，责此志即不贪；傲心生，责此志即不傲；吝心生，责此志即不吝：盖无一息而非立志责志之时，无一事而非立志责志之地。故责志之功，其于去人欲，有如烈火之燎毛，太阳一出，而魍魉潜消矣。

[①]选自《家训》，新星出版社2016年版。王守仁（1472—1529），字伯安，别号阳明。明代著名的思想家、文学家、哲学家和军事家，陆王心学之集大成者，精通儒家、道家、佛家。
[②][亦志之不逾距也]也是所立之志在于不逾越规矩。
[③][客气]指外物对自身的触动。
[④][妒]嫉妒。

忽然洞开的窗子

/ 思考 /

1. 在阳明先生看来，立志的重要性是什么？如何才能做好"责志之功"？

2. 文段中，作者谈立志、责志这样抽象的道理，用了一系列的比喻。请把这些比喻找出来，体会比喻说理的好处。

/ 荐读 /

曾家代有才人出，优良家风延绵至今，主要受益于曾国藩治家之道。"家中要得兴旺，全靠出贤子弟。"他反复教导兄弟、儿女如何读书、交友、修身、持家，并督促他们严格执行，苦口婆心，不厌其烦。他要求晚辈读一本书必须从头到尾通体读，他特地写信告诉曾纪泽不要轻易服药，饭后走三千多步。这部家训，有"训"的严肃，也"家"的亲切。曾国藩常说"人生需有根柢，方可撑持世间变化"，读这部家训，我们也许能找到人生的"根柢"。

书　　名：曾国藩家训
作　　者：[清]曾国藩
出版信息：北方文艺出版社
　　　　　2013年版

雪鸿轩尺牍(二则)[1]

龚萼

/导读/ 自己身处贫困中不愿接受别人怜悯,却对他人的困窘极为同情,对扶危济困大加赞赏。

答甘林侄

接来字,颇以贫为忧。士穷见节义,古人有三旬九食[2]者,贫亦何害?

余成童[3]时,学为诗,有"丈夫当自主,不受世人怜"之句。及二十年而孤,家益贫,衣食于奔走,但不乞怜于人,而人亦无有怜之者。淮阴为中人之雄,其受漂母一饭,报以千金,[4]至今传为盛事。然丈夫义不受怜,千古一怜字,吾为吾侄惜也。

余惟以碌碌终身,不能自立为愧。吾侄当求其所以自立者,贫不足为忧,且断不可忧焉。

致余同仁

幼而无父,情已堪怜;穷莫能归,事尤可悯。兹有某公者,家贫丧偶,今春携其十二龄稚子来粤,谋馆未就,一病而亡。顾此茕茕[5],伶仃孤苦,沿街乞怜,无以为生。同乡某目击情形,不忍坐视,自捐银两,先藁葬[6]其

---

[1] 选自《雪鸿轩尺牍详注》,浙江古籍出版社2016年版。龚萼(1738—1811),清代绍兴师爷。字萼,号雪鸿,清山阴人。
[2] [三旬九食] 三十天中只能吃九顿饭。形容家境贫困,得食困难。
[3] [成童] 八岁儿童。
[4] "淮阴为中人之雄"句] 韩信报恩事。
[5] [茕茕] 形容孤独无依靠。
[6] [藁葬] 草草埋葬。

忽然洞开的窗子

棺,后复矜全①其子,俾充资斧②,觅人挈返家园,庶免饿莩③,使彼相依舅氏,起一生于九死,慰一脉于九泉,此真再造之恩,奚啻二天④之戴!

伏念足下善心为宝,一视同仁,敢祈量力扶持,解囊帮助。倘得成人于异日,重来运柩以还乡,死者固切衔环,生者更当焚顶⑤矣。谨启。

/ 思考 /

1. 作者对自身的贫穷和他人的困苦分别是如何对待的?你对作者的态度又有什么看法?

2. 这两篇尺牍写给不同的人,措辞以及说话的语气有所不同。请细加体会,并说说为什么会有所不同。

/ 荐读 /

《雪鸿轩尺牍》大多是简短的随笔书信,信手翻阅,随处可见亲友之间嘘寒问暖、谈天说地、解忧驱愁、切磋砥砺,以及对官场世俗的嬉笑怒骂、借题发挥。有话则长,无话则短,没有虚假的客套和应酬,流露的是作者的真性情。龚萼清贫自持、洁身自守、通达事理的儒者形象也于此显现。细品尺牍,尤其是在这手机短信满天飞、电子邮件遍天下的时代,更是一种特别的享受。

书　　名:雪鸿轩尺牍详注
作　　者:龚萼
出版信息:浙江古籍出版社
　　　　　2016 年版

---

①[矜全]怜惜而予以保全。
②[资斧]旅费、盘缠。
③[饿莩(piǎo)]饿死的人。
④[二天]恩人,对庇护者的感恩之辞。
⑤[焚顶]焚香顶礼(为之祝祷)。

146

第五单元 物语

水仙辞[①]

宗璞

/导读/ 水仙可以回来,希望可以回来,往事也可以再现。

仲上课回来,带回两头水仙。可不是,在不知不觉间,一年只剩下一个多月了,已到了养水仙的时候。

许多年来,每年冬天都要在案头供一盆水仙。近十年,却疏远了这点情趣。现在猛一见胖胖的茎块中顶出的嫩芽,往事也从密封着的心底涌了出来。水仙可以回来,希望可以回来,往事也可以再现,但死去的人,是不会活转来了。

记得城居那十多年,澂莱与我们为伴。案头水仙,很得她关注,换水、洗石子都是她照管。绿色的芽,渐渐长成笔挺的绿叶,好像向上直指的剑。然后绿色似乎溢出了剑锋,染在屋子里,在北风呼啸中,总感到生命的气息。差不多常在最冷的时候,悄然飘来了淡淡的清冷的香气,那是水仙开了。小小的花朵或仰头或颔首,在绿叶中显得那样超脱,那样悠闲。淡黄的花心,素白的花瓣,若是单瓣的,则格外神清气朗,在线条简单的花面上洋溢着一派天真。

等到花叶多了,总要用一根红绸带或红绉纸,也许是一根红线,把它轻轻拢住。那也是澂莱的事,我只管赞叹:"哦,真好看。"现在案头的水仙也会长大,待到花开时,谁来操心用红带拢住它呢。

管花人离开这世界快十一个年头了。没有骨灰,没有放在盒里的一点

[①] 选自《紫藤萝瀑布》,江苏凤凰文艺出版社 2016 年版。宗璞,原名冯钟璞,1928 年生,中国现代作家,作品有短篇小说《红豆》《弦上的梦》,系列长篇小说《野葫芦引》和散文《紫藤萝瀑布》等。

遗物，也没有一点言语。她似乎是飘然干净地去了，在北方的冬日原野上，一轮冷月照着其寒彻骨的井水，井水浸透了她的身心。谁能知道，她在那生死大限上，想喊出怎样痛彻肺腑的冤情，谁又能估量她的满腔愤懑有多么沉重！她的悲痛、愤懑以及她自己，都化作灰烟，和在祖国的天空与泥土里了。

　　人们常赞梅的先出，菊的晚发。我自然也敬重它们的品格气质。但在菊展上见到各种人工培养的菊花，总觉得那曲折舒卷虽然增加了许多姿态，却减少了些纯朴自然。梅之成为病梅，早有定庵居士为之鸣不平了。近闻水仙也有种种雕琢，我不愿见。我喜欢它那点自然的挺拔，只凭了叶子竖立着。它竖得直，其实很脆弱，一摆布便要断的。

　　她也是太脆弱。只是心底的那一点固执，是无与伦比了。因为固执到不能扭曲，便只有折断。

　　她没有惹眼的才华，只是认真，认真到固执的地步。五十年代中，我们在文艺机关工作。有一次，组织文艺界学习中国近代史，请了专家讲演。待到一切就绪，她说："这个月的报还没有剪完呢，回去剪报罢。"虽然她对近代史并非没有兴趣。当时确有剪报的任务，不过从未见有人使用这资料。听着嚓嚓的剪刀声，我觉得她认真得好笑。

　　"我答应过了。"她说。是的，她答应过了。她答应过的事，小至剪报，大至关系到身家性命，她是要做到的。哪怕那允诺在冥暗之中，从来无人知晓。

　　我们曾一起翻译《缪塞诗选》，其实是她翻译，我只润饰文字而已。白天工作忙，晚上常译到很晚。我嫌她太拘泥，她嫌我太自由，有时为了一个字，要争论很久。我说译诗不能太认真，因为诗本不能译。她说诗人就是认真的，译诗的人更要认真。那本小书印得不多，经过那动荡的年月，我连一本也没能留得下。绝版的书不可再得了。眼看新书一天天多起来，我指望着更好的译本。她还在业余翻译了法国长篇小说《保尔和维绮妮》，未得出版。近见报上有这部小说翻译出版的消息，想来她也会觉得安慰的。

　　她没有做出什么惊人的事业，那点译文也和她一样不复存在了。她从不曾想要有出类拔萃的成就，只是认真地、清白地过完了她的一生。她在人生的职责里,是个尽职的教师、科员、妻子、母亲和朋友。在到处是暗礁险滩的生活的路上,要做到尽职谈何容易!我想她是做到了。她做到了她尽力所能做到的一切,但是很少要求回报。她是这样淡泊。人们都赞水仙的淡泊,它的生命所需不过一盆清水。其实在那块茎里,已经积蓄足够的养料了。人的灵魂所能积蓄的养料,其丰富有时是更难想象的罢。

现在又有水仙在案头了。我不免回想与她分手的时候。记得是澄莱到干校那年,有人从外地辗转带来两头水仙,养在"破四旧"时漏网的白瓷盆里。她走的那天,已经透出嫩芽了。当时两边屋里都凌乱不堪,只有绿芽白盆、清水和红石子,似乎还在正常秩序之中。

我们都不说话,心知她这一去归期难卜。当时每个人都不知自己明天会变成什么,去干校后命运更不可测。但也没有想到眼前就是永诀。让她回来收拾东西的时间很短,她还想为在重病中的我做一碗汤,仅只是一碗汤而已,但是来不及了。她的东西还没有收拾好,用两块布兜着,便去上车。仲草草替她扎紧,提了送她。我知道她那时担心的是我的病体,怕难见面。我倚在枕上想,我只要活着,总会有见面的一天。她临走时进房来看水仙,说了一句"别忘了换水",便转身出去。从窗中见她笑着摆摆手。然后大门呀的一声,她走了。

那竟是最后一面!那永诀的笑容留下了,留在我心底。是她,她先走了。这些年我不常想到她。最初是不愿意想,后来就自然地把往事封埋。世事变迁,旧交散尽,也很少人谈起她这样平常的人。她自己,从来是不愿占什么位置的,哪怕在别人心中。若知道我写这篇文字,一定认为很不必,还要拉扯水仙,甚至会觉得滑稽罢。但我隔了这许多年,又在自己案头看见了水仙,是不能不写下几行的。

尽管她希望住在遗忘之乡,我知道记住她的不只我一人。我不只记住她那永诀的笑容,也记住要管好眼前的水仙花。换水、洗石子,用红带拢住那从清水中长起来的叶茎。

澄莱姓陈,原籍福建,正是盛产水仙花的地方。

一九八二年一月

忽然洞开的窗子

/ 思考 /

1. 作者由眼前的水仙想起了谁？物和人的特性是相通的，他们的共同点是什么？

2. "她自己，从来是不愿占什么位置的，哪怕在别人心中。若知道我写这篇文字，一定认为很不必，还要拉扯水仙，甚至会觉得滑稽罢。"你觉得作者这么写滑稽吗？说说理由。

/ 荐读 /

"从未见过开得这样盛的藤萝，只见一片辉煌的淡紫色，像一条瀑布，从空中垂下，不见其发端，也不见其终极。只是深深浅浅的紫，仿佛在流动，在欢笑，在不停地生长。紫色的大条幅上，泛着点点银光，就像迸溅的水花。仔细看时，才知道那是每一朵紫花中的最浅淡的部分，在和阳光互相挑逗。"像这样优雅、富于学养、含蓄蕴藉的文字只属于《紫藤萝瀑布》，只属于宗璞。越看，感触越深。

书　　名：紫藤萝瀑布
作　　者：宗璞
出版信息：江苏凤凰文艺出版社 2016 年版

红石榴[①]

王鼎钧

/导读/ 我抢步上前,以篮下接球的姿势攫住它,那是我今生今世最敏捷的举动。

　　这里有个离家四十年的华侨要回去看看。我问他最想看见什么,他说:"啊,很多。比如说,小时候,日本打进来了,我家搬到乡下。我记得村头上有棵树,树底下有只狗,每次经过树旁,狗就跳起来向我狂吠。那是夏天,大阳能烤焦人的头发,狗也怕晒,张牙舞爪总不离开树荫,就像树上有根绳子把它拴住了。我常常撑把伞看它表演,等它累了丢东西喂它。后来我们变成朋友,我坐在树底下乘凉,它睡在旁边。后来我们搬走,狗跟在后面送,送了好几里路还不回转,我伸手拍它,一身毛在烈日下滚热烫手。我心里好酸,那是我第一次知道什么是心酸。……现在,狗自然是没有了,可是我一定得去看看那棵树。"

　　我对他说但愿那树健在。我说这才是中国人,土生的中国人。我说我心里也有一棵树。这树跟你有关,既然告诉了他,当然不该再瞒着你。

　　我家城外有座小山。我读高小一年级的时候,全体高年级学生前往登山远足。小学生能够步行到达的地方应该不会太远,小学生能够攀登的山应该不高。不过那山的高度在我梦中年年增加,山一高,跟小城的距离自然也一年比一年拉远了。"一片孤城万仞山",我还是能够清清楚楚看见山顶上的一座庙,庙后面的一棵石榴树。

　　山上多半有庙,庙后多半有树,庙后种石榴却不多见。说来迷离恍惚却又千真万确,我登上山顶时全身大汗,却见那树倾身向阳,红着脸等待

[①] 选自《一方阳光》,江苏文艺出版社2009年版。王鼎钧,1925年生,祖籍山东临沂,作品有《人生三书》《文学种籽》《左心房漩涡》《看不透的城市》等。

奉献。树上仅有一个石榴，又红又大，光彩夺目，给我的印象十分深刻，所以，后来我学成语"硕果仅存"的时候没有丝毫困难。我抢步上前，以篮下接球的姿势攫住它，那是我今生今世最敏捷的举动。石榴藏在书包里，等有机会送给你。

　　这件事似乎艰难。不止一次，我的手伸进书包里了，我抓牢那石榴了，我的脸也像石榴一样红了，话是冲到嘴边了，仅此而已，一个轰轰烈烈的行为黯然夭折了。整个夏天这样过去，终于，你到我家作客，一时兴起，你翻看我的书包，我慌张拦阻，你灵巧的突破了我的防御。你发现了我的收藏。这时，我才知道它瘦了，黄了，有的地方残缺了，有的地方腐败了。我的脸上有了另一种红，心中充满了疼惜。你呢，完全不知道我的感觉，既怜悯、又不屑地说："呦，怎么留着个烂石榴！"甩手把它丢进了阴沟。

　　你结束了我一夏天的恍惚不安，留给我一秋一冬的怏怏。那树印在我童年的底片上，停止生长也停止毁灭，青天灵明，任它振翅欲飞，任它降落尚未着地，浓绿四溅，带几点星星之火。那果，那仅存的硕果，在梦中大如新坟，无刀可切，无口可咬，千真万确。年年有梦，山越来越高，人越来越小，隔着山，山那边的地平线淹没了你，山这边的地平线涂掉了我。我仰起脸踮着脚尖还能看见那棵树。

　　我暗想：如果那棵石榴还在……

　　那棵石榴树进了大炼钢的土高炉，无人能倒退还原。这个消息使我身上又少了几磅中国血肉。唉，与其后来发许多文告，何如当初多留几棵树。

　　一棵树，左右不过一棵树。像蚌爱惜珠，像孕妇忘不了胎儿，英雄不屑，英雄不齿。我们不是线条锐利棱角清晰的人，不是抢到上游洗脚站在上风呼吸的人，也不是见人流血马上找显微镜的人。我们难满足。上帝打发黄巢离家上路只给他一把宝刀，上帝要使我们回家安居却得借《水浒传》开张清单："太平天子当中坐，清慎官员四海分。……"谈何容易！

　　有些树是要被人遗忘的。有些人也是。人人感谢母亲，几人想到还有收生婆？山以虎灵，不以草灵。地方志不为草立传，对熊罴立传，看虎熊踏草而无意见。我历经七个国家，看五种文化，三种制度，到哪里都一样,因为人性一样。我也必须忘记那些树吗?

这是一个换心的时代。我该有几把心肠、几套记忆呢?怎样把不该记得的事情忘掉呢?既要热爱,又要冷酷,既要刻骨铭心,又要健忘,我如何达到标准呢?有没有一套课程、一种训练,像瑜伽那样,可以使我把事物倒过来看?有没有一种机件,像电脑的软件一样,可以轻而易举的完全否定昨日之我?

赤条条来,易,赤条条去,难。到死始知万事空?倒也倒不空,挖也挖不空。我忘不了的那几棵树,几个人,几处地方,几支歌,几件事,之类等等,你就让我记着吧,算我作梦,算我造谣,算我发高烧!

/ 思考 /

1. 红石榴承载了作者怎样的记忆?

2. 在你成长的岁月中,一定也有刻骨铭心的人或事或物,拿起笔也写一写:"我忘不了的……"

/ 荐读 /

一位享誉世界的华文作家,用其丰富的人生经历("历经七个国家,看五种文化,三种制度")酿造出了醇香浓郁的老酒,用平实朴拙的笔触在描绘一方内心世界的同时,又抒发了对社会人生的深刻体悟和独特感知。这位作家就是王鼎钧,他给你我带来了《一方阳光》。在阳光下,让我们去阅读"琉璃碎""情人眼""沧海珠""捕蝶手",这是家国情怀,这是心路历程,这是诗心史笔。

书　　名:一方阳光
作　　者:王鼎钧
出版信息:江苏文艺出版社
　　　　　2009年版

枸杞树[1]

季羡林

/导读/ 在不经意的时候，一转眼便会有一棵苍老的枸杞树的影子飘过。

在不经意的时候，一转眼便会有一棵苍老的枸杞树的影子飘过。这使我困惑。最先是去追忆：什么地方我曾看见这样一棵苍老的枸杞树呢？是在某处的山里么？是在另一个地方的一个花园么？但是，都不像。最后，我想到才到北平时住的那个公寓；于是我想到这棵苍老的枸杞树。

我现在还能很清晰地温习一些事情：我记得初次到北平时，在前门下了火车以后，这古老都市的影子，便像一个秤锤，沉重地压在我的心上。我迷惘地上了一辆洋车，跟着木屋似的电车向北跑。远处是红的墙，黄的瓦。我是初次看到电车的；我想，"电"不是很危险吗？后面的电车上的脚铃响了；我坐的洋车仍然在前面悠然地跑着。我感到焦急，同时，我的眼仍然"如入山阴道上，应接不暇"，我仍然看到，红的墙，黄的瓦。终于，在焦急，又因为初踏入一个新的境地而生的迷惘的心情下，折过了不知道多少满填着黑土的小胡同以后，我被拖到西城的某一个公寓里去了。我仍然非常迷惘而有点近于慌张，眼前的一切都仿佛给一层轻烟笼罩起来似的，我看不清院子里的什么东西，我甚至也没有看清我住的小屋，黑夜跟着来了，我便糊里糊涂地睡下去，做了许许多多离奇古怪的梦。

虽然做了梦；但是却没有能睡得很熟，刚看到窗上有点发白，我就起来了。因为心比较安定了一点，我才开始看得清楚：我住的是北屋，屋前的小院里，有不算小的一缸荷花，四周错落地摆了几盆杂花。我记得很清

---

[1] 选自《相期以茶》，中国言实出版社 2006 年版。季羡林（1911—2009），中国现代古文字学家、历史学家、作家。

楚:这些花里面有一棵仙人头,几天后,还开了很大的一朵白花,但是最惹我注意的,却是靠墙长着一棵枸杞树,已经长得高过了屋檐,枝干苍老钩曲像千年的古松,树皮皱着,色是黝黑的,有几处已经开了裂。幼年在故乡的时候,常听人说,枸杞是长得非常慢的,很难成为一棵树,现在居然有这样一棵虬干的老枸杞站在我面前,真像梦;梦又掣开了轻渺的网,我这是站在公寓里么? 于是,我问公寓的主人,这枸杞有多大年龄了,他也渺茫:他初次来这里开公寓时,这树就是现在这样,三十年来,没有多少变动。这更使我惊奇,我用惊奇的太息的眼光注视着这苍老的枝干在沉默着,又注视着接连着树顶的蓝蓝的长天。

就这样,我每天看书乏了,就总到这棵树底下徘徊。在细弱的枝条上,蜘蛛结了网,间或有一片树叶儿或苍蝇蚊子之流的尸体粘在上面。在有太阳和灯火照上去的时候,这小小的网也会反射出细弱的清光来。倘若再走进一点,你又可以看到许多叶上都爬着长长的绿色的虫子,在爬过的叶上留了半圆的缺口。就在这有着缺口的叶片上,你可以看到各样的斑驳陆离的彩痕。对了这彩痕,你可以随便想到什么东西,想到地图,想到水彩画,想到被雨水冲过的墙上的残痕,再玄妙一点,想到宇宙,想到有着各种彩色的迷离的梦影。这许许多多的东西,都在这小的叶片上呈现给你。当你想到地图的时候,你可以任意指定一个小的黑点,算做你的故乡。再大一点的黑点,算做你曾游过的湖或山,你不是也可以在你心的深处浮起点温热的感觉么?这苍老的枸杞树就是我的宇宙。不,这叶片就是我的全宇宙。我替它把长长的绿色的虫子拿下来,摔在地上,对了它,我描画给自己种种涂着彩色的幻想,我把我的童稚的幻想,拴在这苍老的枝干上。

在雨天,牛乳色的轻雾给每件东西涂上一层淡影。这苍黑的枝干更显得黑了。雨住了的时候,有一两个蜗牛在上面悠然地爬着,散步似的从容,蜘蛛网上残留的雨滴,静静地发着光。一条虹从北屋的脊上伸展出去,像拱桥不知伸到什么地方去了。这枸杞的顶尖就正顶着这桥的中心。不知从什么地方来的阴影,渐渐地爬过了西墙,墙隅的蜘蛛网,树叶浓密的地方仿佛把这阴影捉住了一把似的,渐渐地黑起来。只剩了夕阳的余晖返照在这苍老的枸杞树的圆圆的顶上,淡红的一片,熠耀着,俨然如来佛头顶上金色的圆光。

以后,黄昏来了,一切角隅皆为黄昏所占领了。我同几个朋友出去到西单一带散步。穿过了花市,晚香玉在薄暗里发着幽香。不知在什么时候,什么地方,我曾读过一句诗:"黄昏里充满了木犀花的香。"我觉得很美丽。虽然我从来没有闻到过木犀花的香;虽然我明知道现在我闻到的是晚香玉的香。但是我总觉得我到了那种缥缈的诗意的境界似的。在淡黄色的灯光下,我们摸索着转近了幽黑的小胡同,走回了公寓。这苍老的枸杞树只剩下了一团凄迷的影子,靠了北墙站着。

跟着来的是个长长的夜。我坐在窗前读着预备考试的功课。大头尖尾的绿色小虫,在糊了白纸的玻璃窗外有所寻觅似的撞击着。不一会,一个从缝里挤进来了,接着又一个,又一个。成群的围着灯飞。当我听到卖"玉米面饽饽"戛长的永远带点儿寒冷的声音,从远处的小巷里越过了墙飘了过来的时候,我便捻熄了灯,睡下去。于是又开始了同蚊子和臭虫的争斗。在静静的长夜里,忽然醒了,残梦仍然压在我心头,倘若我听到又有悉索的声音在这棵苍老的枸杞树周围,我便知道外面又落了雨。我注视着这神秘的黑暗,我描画给自己:这枸杞树的苍黑的枝干该便黑了罢;那匹蜗牛有所趋避该匆匆地在向隐蔽处爬去罢;小小的圆的蜘蛛网,该又捉住雨滴了罢,这雨滴在黑夜里能不能静静地发着光呢?我做着天真的童话般的梦。我梦到了这棵苍老的枸杞树。——这枸杞树也做梦么?第二天早起来,外面真的还在下着雨。空气里充满了清新的沁人心脾的清香。荷叶上顶着珠子似的雨滴,蜘蛛网上也顶着,静静地发着光。

在如火如荼的盛夏转入初秋的澹远里去的时候,我这种诗意的又充满了稚气的生活,终于也不能继续下去。我离开这公寓,离开这苍老的枸杞树,移到清华园里来,到现在差不多四年了。这园子素来是以水木著名的。春天里,满园里怒放着红的花,远处看,红红的一片火焰。夏天里,垂柳拂着地,浓翠扑上人的眉头。红霞般爬山虎给冷清的深秋涂上一层凄艳的色彩。冬天里,白雪又把这园子安排成为一个银的世界。在这四季,又都有西山的一层轻渺的紫气,给这园子添了不少的光辉。这一切颜色:红的,翠的,白的,紫的,混合地涂上了我的心,在我心里幻成一幅绚烂的彩画。我做着红色的,翠色的,白色的,紫色的,各样颜色的梦。论理说起来，我在西城的公寓做的童话般的梦，早该被挤到不知什么地方去了。但是，我自己也不了解，在不经意的时候，总有一棵苍老的枸杞树的影子飘过。飘过了春天的火焰似的红花；飘过了夏天的垂柳的浓翠；飘过了红霞似的爬山虎，一直到现在，是冬天，白雪正把这园子装成银的世界。混合了氤氲的西山的紫气，静定在我的心头。在一个浮动的幻影里，我仿佛看到：有夕阳的余晖返照在这棵苍老的枸杞树的圆圆的顶上，淡红的一片，熠耀着，像如来佛头顶上的金光。

1933年12月8日雪之下午

/ 思考 /

1. 作者为什么说"在不经意的时候，总有一棵苍老的枸杞树的影子飘过"？你有过类似的经历吗？

2. 作者两次写到"有夕阳的余晖返照在这棵苍老的枸杞树的圆圆的顶上，淡红的一片，熠耀着，像（俨然）如来佛头顶上的金光"，这有何寓意？

/ 荐读 /

季先生是一位散文大家，"真"与"朴"是他的散文的两大特色，也是他散文的独特风格。《相期以茶——季羡林散文集》是他80年散文作品的精选集。阅读本书，你能够领略"世纪老人"的风范，感受到季先生的智慧光芒。书中还有不少相关的珍贵照片、图片，可谓图文并茂。

书　　名：相期以茶——季羡林散文集
作　　者：季羡林
出版信息：中国言实出版社
　　　　　2006年版

物　语[①]

丰子恺

/导读/ 庭院中的景物们，都开口说话了，赶快听！

晴爽的五月的清晨，缘缘堂主人早起，以杨柳枝漱口，饮清水一大杯，燃土耳其烟卷一支，走近堂楼窗际，凭栏闲眺庭中的景物，作如是想：

"葡萄也贪肥。用了半张豆饼，这几天就青青满棚。且有许多藤蔓长出棚外，颤袅空中，在那里要求延长棚架了。那嫩叶和卷须中间，已有无数绿色的小珠，这些将来都是结葡萄的。预想今年新秋，棚下果实累累，色如琥珀，大如鸟卵，味甘可口，专供我随意摘食。半张豆饼的饲养，换得它这许多的报效，这植物真可谓有益于人生，而尽忠于主人的了。去年夏秋，主人客居他方，听说它生得很少而小而无味。今年主人将在此过夏秋，它颇能体贴人意，特地多抽条枝，将以博主人之欢。你看：那嫩叶儿在朝阳中向我微笑，那藤蔓儿在晨风中向我点头，仿佛在说：'我们都是为你生的呀！'

"南瓜秧也真会长！不多天之前撒下几颗南瓜子，现在变成了一座小林。那些茎儿肥胖得像许多青虫。那子叶长大得像两个浮萍。有些子叶上面还顶着一张带泥的南瓜子壳，仿佛在对我证明：'诺！我确是从你所撒下的那颗瓜子里长出来的呀！'我预备这几天就给它分秧。掘几枝种在平屋后面的小天井里，让它们长大来爬到平屋上。再掘几枝种在灶间后面的阴沟旁，让它们长大来爬在灶间上。南瓜的确是一种最可爱的作物。你想，一粒瓜子放在墙下的泥里，自会迅速地长出蔓来，缘着竹竿爬到人家的屋上。不到半年，居然会变出十七八个果实来，高高地横卧在屋顶，专让屋主随时取食，教外人无法偷取。这不是最尽忠于主人的作物

[①] 选自《闲居》，江苏文艺出版社 2005 年版。丰子恺(1898—1975)，中国现代画家、散文家。

么?况且果实又肥又大,半个南瓜可烧一锅,滋味又甜又香,又可点饥,又易消化。这不是最有益于人生的植物吗?它那青虫似的苗秧,含蓄着无限的生产力,怀抱着无限为人服务的忠诚。古人咏小松曰:'时人不识凌云木,直待凌云始道高。'这两句正可拜借来赞咏我眼前的南瓜秧。看哪,许多南瓜秧在微风中摇摆着。它们大约知道我正在赞赏它们,故尔装出这得意的样子来酬答我。仿佛在对我说:'我的出身虽然这么微贱,但是我有着凌云之志,将来定要飞黄腾达,以报答你的养育之恩!'

"鸽子们一齐在棚里吃早食了。雌的已会生蛋。它们对主人真亲善:每逢一只雌鸽子生了两个蛋,倘这里的小主人取食一个,它能补生一个。倘再取食一个,它能再补生一个,绝无吝色,永不表示反抗。现在我要阻止这里的小主人的取食鸽蛋,让它们多孵小鸽子。将来小鸽子多了,我定要把棚扩大且加以改良,让它们住得舒服。因为它们对我的服务实在太忠诚了:我每逢出门,带几只在身边,到了远方,要使这里的主母知道我的行踪和起居,可写一封信缚在鸽子的脚上,叫它飞送。一霎儿它就带了信回家,报告主母,比航空邮便还快,比挂号信还妥当。不但省了我许多邮票,又给我许多便利,外加添了我家庭中的许多趣味。这是何等有智慧而通人意的一种小动物!我誓不杀食你们的肉,我誓愿养杀①你们。啊,它们仰起头来望我了!啊,它们'咕,咕'地对我叫了。这明明是对我表示亲爱,仿佛在说:Good morning! Good morning!(早安!早安!)

"黑猫把头钻在门槛底下做什么?不错!它是在那里为我驱逐老鼠。门槛底下的洞正是老鼠出没的地方。前天我亲眼看见两只大老鼠被它追赶,仓皇地逃进这洞里去。以前我家老鼠多而且凶。白昼常常横行,晚上更闹得人不能睡眠。抽斗都变成了老鼠的便所,人所吃的都是老鼠的残食。原稿纸在桌上放过一夜,添上了老鼠的小便痕。孩子们把几粒花生米在衣袋里放过一夜,明天连衣襟都被咬破。自从这只黑猫来到我家以后,老鼠忽然肃清,家人方得安眠。真是除暴安良,驱邪降福。它

---

① [养杀]极力供养。杀,同"煞"。

忽然洞开的窗子

的服务多么忠诚勤恳：晚间通夜不睡，放大了两个瞳孔，在满间屋子里巡查侦缉。白天偶尔歇息，也异常警惕。听见墙角吱吱一声，就猛然惊醒，勇往直前，爪牙交加，务须驱之屋外，或置之死地而后已。即使在吃饱的时候，看见了老鼠也绝不放过，宁可不吃，不可不杀。总之，它的捕鼠非为一己口腹之欲，全为我家除害。故终日终夜皇皇然，唯恐老鼠伤害了我家的一草一木。它仰起头，竖起尾巴，向我'咪呜''咪呜'地叫了。这神气多么威武，这声音又多么柔媚！好似一员小将杀退了毛贼，归来向国王献捷的模样。"

缘缘堂主人作如是想毕，满心欢喜，得意洋洋，深深地吸入一口土耳其卷烟，喷出烟气与屋檐齐高。然后暂闭两目，意欲在晨曦中静养其平旦之气。忽闻庭中吃吃作笑，呜呜作声，似有人为不平之鸣者。倾耳而听，最先说话的是葡萄。

"哈，哈，这老头子发痴！他以为我是为他生的。人类真是何等傲慢而丑恶的动物！我受天之命而降生，借自然之力而成长，何干于你？我在这里享乐我自己的生命，繁殖我自己的种子，何尝为你而生？你在我的根上放下半张豆饼，为我造棚，自以为对我有培养之恩吗？我实在不愿受这种恩，这非但对我自己的生活毫无益处，实在伤害了我！你知道吗：我本来生在山野，泥土是适我胃口的食粮，雨露是使我健康的饮料，岩壁丘壑是我的本宅，那时我的藤蔓还要粗，我的种子还要多，我的攀缘力与繁殖力比现在强得多。自从被你们人类取来豢养之后，硬要我吃过量的食料，硬把我拘束在机械的棚上，还要时时弯曲我的藤蔓，教我削足适履；裁剪我的枝叶，使我畸形发展。于是我的藤蔓变成如此细弱，我的种子变得如此臃肿。我的全身被你们造成了残废的模样。你称赞我的种子色如琥珀，大如鸟卵。其实这在我是生赘疣，生臌胀，生小肠气病，都是你害我的！你反道这是我对你的恩惠的报效，反道我尽忠于你，真是荒天下之大唐！尤可笑者，去年我生得少，你以为是你不在家的原故；今年我生得多，你以为是博你的欢。我又不是你的情人，为你离家而憔悴；又不是你的奴隶，在你面前献媚！告诉你吧：我因生理的关系，要隔年繁荣一次。你偶然凑巧，就以为我逢迎你，真真见鬼！人类往往作这种狂妄的态度：回家偶逢花儿未落就说它'留待主人归'；送别偶逢鸟儿闲啼，就以为'恨别鸟惊心'；出门偶逢天晴，自以为'天佑'，岂不可笑？我们与你同是天之生物,平等地站在这世间,各自谋生,各自繁殖,我们岂是为你们而存在?你以为我在微笑,在点头。其实我在悲叹,在摇头。为了你强迫我吃了半张豆饼,剪去了我许多枝叶,眼见得今秋的果实又要弄得臃肿不堪,给你们吞食殆尽,不留一粒种子。昨天隔壁三娘娘家的母猪偶然到这里来玩。我曾经同她互相悲叹愤慨。我和她同样也受你们的'非生物道'的虐待,大家变得臃肿残废而膏你们的口腹。人类真是何等野蛮的东西!自己也是生物,却全不顾'生物道',一味自私利,有我无人。还要一厢情愿,得意洋洋。天下的傲慢与丑恶,无过于人类了!"下面继续起来的谩骂之声,是那短小精悍的南瓜秧所发的:

"人类不但傲慢而丑恶,简直是热昏!不要脸!他们自恃力强,公然侵略一切弱小生物。'弱肉强食'在这世间已成了一般公理;倘然侵略者的态度坦白,自认不讳,倒还有一点可佩服;可是他们都鬼头鬼脑,花言巧语,自命为'万物灵长',以为其他一切生物皆为人而生,真是十八刀钻不出血的老皮面!葡萄伯伯的抗议,我不但完全同情,且觉得措辞太客气了。人这种野蛮东西,对他们用什么客气?你不知道我吃了他们多少苦头,才挣得这条小性命呢。我的母亲是一个体格强壮而身材苗条的健全的生物,被他们残忍地腰斩了,切成千刀万块,放在锅子里烧到粉骨碎身。那时我同众兄弟们还在娘肚皮里,被他们堕胎似地取出,盛在篮里,放在太阳光里晒。我们为了母亲的被害,已不胜哀悼;自己的小性命是否可保,又很忧虑。果然,晒了一天,有一人对着我们说:'南瓜子可以吃了!'我们惊起一看,其人正是这自命为主人的老头子!他端起我们的篮来,横七竖八地摇了一会,对那老妈子说:'拿去炒一炒!'这死刑的宣告使我们众兄弟同声号哭,然而他们如同不闻,管自开锅发灶,准备我们的刑场。幸而有一个小姑娘,她大概年纪还小,天良还没有丧尽,走过来对老妈子说:'不要全炒,总要给它们留些种子的!'我们有了免于灭族的希望,觉得死也甘心。大家秉公持正,仓皇地推选,想派几个体格最健全的兄弟留着传种,以绍承我母亲的血统。谁知那小姑娘不管我们本人的意见,随手抓了一把,对那老妈子说:'这一点拿去种,余多的你炒吧!'我幸而被抓在她的手里,又不幸而不是最健全的一个。然而有此虎口余生,总算不幸中之大幸。现在这父母之遗体靠了土地的养育,和雨露的滋润,居然脱壳而出,蒸蒸日上,也可以聊尽子责而告慰泉壤了。但看这老头子的态度,我又起了无限的恐惧。我还道他家的小姑娘天良没有丧尽,慈悲地顾念我母的血食;原来不然,他们都全为自己,想等我大起来,再吃我的子孙!他贪恋我们的果实又肥又大,滋味又甜又香,何等可恶的老馋!他以为我们忠于主人,有益于人生;怀抱着为人服务的忠诚,何等荒唐的胡说!我们自有天赋的生产力,和天赋的凌云之志,但岂是为你们而生,又岂是你们所能养成?可惜我的根不能移动,若得像那鸽子,我早已飞出这可诅咒的牢狱和刑场,向大自然的怀里去过我独立自主的生活了!"南瓜秧说到这里,鸽子就接上去说:

"你的话大都是我所同情的。不过听到你最后的话,似有讥讽我能飞不飞,甘心为奴的意思,这使我不得不辩解了。古语云:'一家不晓得一家事',难怪你怀疑于我。现在我把我们的生活情形告诉你吧:人对我的待遇,除了偷蛋可恶以外,其余的我都只觉得可笑。以为我对人亲善,服务忠诚,全是盲子摸象!我们的祖先本来聚居在山野中,无拘无束,多么自由的生活!后来不知怎样,被人捕到城市,豢养在囚笼里。我们有一种独特而力强的遗传性,就是不忘我们的诞生地。人类有一句话,叫做'狐死正首丘',又有俗语说:'树高千丈,叶落归根',他们也认为这是一种美德。我们因有这种遗传性的缘故,诞生在城市中的虽然飞翔力并不退化,却无意飞回山野。人类就利用我们这习性,为我们在庭院里筑窠巢,从单方面擅定我们是他们所豢养的,还要单恋似的说我们对人亲善,岂不可笑!我们为有上述的遗传性,大家善于记忆。即使飞到了数千百里之外,仍能飞回原处,绝对不要找警察问路。因此人类又来利用我们,把信札缚在我们的脚上,托我们带回。纸儿并不重,我们也就行个方便。但这是'乘便',不是专差,人类却自以为我们是他们的专差,称我们为'传书鸽',还要谬赞我们服务忠诚,岂不更可笑吗?尤可笑的,我们有几个住在军队中的兄弟,不幸在战场上中了流弹,短命而死,军人居然为它们建筑坟墓,天皇还要补送它们勋章,教它们受祭奠。哈哈,我们只为了恪守祖先的遗志,不忘自己的根本,故而不辞冒险,在战场上来往;谁肯为这种横暴的侵略者作走狗呢?老实说,若不为了他们那种优良的食物的供养,我们也不肯中他们的计。只是那种食物太味美了,我们倒有些儿舍不得。横竖我们有的是翅膀,飞过战场也没有什么可怕,也乐得多吃些美食,在那里看看人类自相残杀的恶剧吧。这里的主人每逢托我带信回家,主母来接取我脚上的纸儿时,也必拿许多优良的食物供奉我。我为贪食这些,每次总是赶快回来。他们却误解了,以为我服务忠诚,真是冤哉枉也!也许他们都知道,为欲装'万物灵长'的场面,故意假痴假呆,说我们忠诚。那更是可笑而可耻了!刚才我在这里向朝阳请早安,那老头儿却自以为我在对他说'Good morning'。这便是可笑可耻的一端。"黑猫也昂起来说话了。

"鸽子哥儿的话好像是代替我说的!我的境遇完全和你一样,我的猫生观也和你相同。那老头儿以为我在这里为他驱鼠,谬赞我服务忠诚,并且瞎说我的捕鼠不为口腹,全为他家除害,唯恐老鼠伤害了他家的一草一木,在我也常觉得荒唐可笑。把我的平生约略的告诉你吧:我本来住在这里的邻近人家的。因为那人家自己没饭吃,更没有钱买鱼来供养我;他们的房子又异常狭小,所有的老鼠很少;即使有几只,也因为那屋破得可以,瓦上,壁上,窗户上,处处有不大不小的隙缝,老鼠可以自由逃窜,而我猫却钻不进去。我往往守候了好几天,没有一只老鼠可得,因此我只得告辞,彷徨歧途。偶然到这屋檐上窥探,看见房子还高大,布置还像样。我正想混进来找些食物,这里小姑娘已在檐下模仿我的叫声而招呼我了。不久那老妈子拿了一只碗走到檐下,对着我'丁丁丁丁'地敲起来。我连忙跳下来就食:碗里的东西真美味,全是我所最欢喜的鱼类!我预备常住在这里。但闻那老妈子说:'这猫不知是从哪里来的。这般瘦,看来是没有人家养的。我们养了吧,老鼠太多,教它赶老鼠。'那小姑娘说:'这只猫样子也好看!我们养了它!不要忘记喂食!'我听了这话,就决心常住在这里了。他们的供养的确很好。外加前后许多屋子,都有无数的老鼠,任我随时捕食,现在老鼠虽已减少,且都警戒,只要用点工夫,或耐心装个假睡,也总可捞得一个。我们也有一种独特的遗传性,就是欢喜吃老鼠,老鼠比鱼更好吃。所以我虽在刚刚吃饱鱼饭的时候,见了老鼠仍是感到一种说不出的香味,不由的要捉住它。老实说,这里倘没有了上述的食物,我早已告辞了。那老头儿还说我为他服务忠诚,是上了我的当,不然,便如你所说,他是假痴假呆地夸口,以助'万物灵长'的威风。刚才我因为早晨没有吃过,追老鼠又落个空,仰起头来喊他给我备早饭,他却视我为献媚,献捷,也是人类可笑可耻的一个实例!——照理,正如葡萄先生和南瓜小姐所主张,我们都是受命于天而长育于地的平等的生物,应该各正性命,不相侵犯。但这道理太高,像我兄弟就做不到。但我们自认吃鱼吃老鼠不讳,态度是坦白的。至于像人类这样巧立了'灵长'的名目而侵略万物;还要老着面皮自以为"万物为我而生',我们是不屑为的!"

　　缘缘堂主人倾耳而听,不漏一字;初而惊奇,继而惶恐,终于羞惭。想要辩解,一时找不出理由。土耳其卷烟熄,平旦之气消,愀然变容,悄然离窗,隐几而卧。

廿五(1936)年五月十三日

/ 思考 /

1. 文章写到了哪些"物"的话语?读完文章,跟你的家人或同学交流交流吧。

2. 缘缘堂主人听着"物语","初而惊奇,继而惶恐,终于羞惭",为什么?你有同感吗?

/ 荐读 /

　　一本将花的科普知识与关于花的古今中外的文学记载相融合的作品,一本让读者在清丽优美的文学语言中感悟科学之用的作品,这就是《花与文学》。这是贾祖璋先生以各类花卉为题材创作的博物学著作。走进这本书,一定能开启一段属于你的花卉文学之旅呢!

书　　名:花与文学
作　　者:贾祖璋
出版信息:中国国际广播出版社 2017 年版

一片叶子落下来[1]

利奥·巴斯卡利亚

/导读/ 一片叶子为什么要落下来？它又落到哪里了呢？

春天过去了。

接着，夏天也过去了。

弗雷迪这片叶子已经长大，叶片又宽又厚实，五个角又尖又硬。

他长在一棵高大的树上。可春天里，当他在靠近树梢的那根大树枝上出现时，还不过是小小一片叶芽罢了。

在弗雷迪的周围，叶子真有成千上万，全都跟他一模一样，或者说，看上去全都跟他一模一样。

很快他就明白，没有两片叶子是一模一样的，哪怕是在同一棵树上。他左边那片叶子叫艾尔弗雷德。他右边那片叶子叫本。他头顶上那片叶子叫克莱尔。他们都是一块儿长大的。

在春天的微风中，他们学会了跳舞，在夏日里，他们懒洋洋地晒太阳，让雨水给他们冲凉。

可弗雷迪最好的朋友是丹尼尔。丹尼尔这片叶子在这根树枝上最大，好像也最老。

弗雷迪还觉得，丹尼尔在他们大伙儿当中最聪明。是丹尼尔告诉他们，他们是树的一分子。是丹尼尔向他们解释，他们生长在一个公园里。是丹尼尔讲给他们听，这棵树有茁壮的树根，埋藏在下面泥土里。他还给他们讲那些停到他们这根树枝上来唱晨曲的小鸟。他讲太阳，讲月亮，讲

---

[1] 选自《一片叶子落下来》，任溶溶译，南海出版公司2014年版。利奥·巴斯卡利亚，美国著名的演说家、作家，作品有《彼此相爱》《生活、爱、学习》《爱》《开往天堂的9路巴士》等。

忽然洞开的窗子

星星,讲一年四季。

弗雷迪真高兴他是一片叶子。他爱他这根树枝,爱他这些轻盈的树叶朋友,爱他这高高在空中的地方,爱轻轻吹动他的风,爱温暖他的阳光,爱在他身上投下洁白、柔和的影子的月亮。

夏天特别好。漫长的炎热白昼让人觉得舒服,暖和的夏夜是那么宁静、美妙。

那个夏天,公园里的人多极了。他们经常走过来,坐在弗雷迪这棵树底下。丹尼尔告诉弗雷迪,给他们遮阴是他的志愿之一。

"志愿是什么啊?"弗雷迪问过他。

"就是活着的目的。"丹尼尔回答说,"我们活着,就是要让别人过得快乐。我们活着,就是要给因为家里太热,到这里来避暑的老人遮阴。我们活着,就要给孩子们一个阴凉地方,好让他们来玩。人们到树下来野餐,在格子台布上吃东西,我们活着,就要用叶片给他们扇风。我们活着,就是为了做这些好事情。"

弗雷迪特别喜欢老人,他们安静地坐在凉爽的草地上,难得走动,悄悄地交谈他们过去的时光。

孩子们也好玩极了,尽管他们有时候会在树皮上挖窟窿,或者刻上他们的名字。看着孩子们跑得那么快,嘻嘻哈哈不断地笑,也是非常好玩的。

可是弗雷迪的夏天,很快就过去了。

十月的一个夜里,它一下子消失了。那天夜里,弗雷迪觉得从来没有这样冷过。所有的叶子都冷得索索发抖。他们给披上了一层薄薄的白色东西,它很快就融化掉,留下的是露水,在早晨的阳光中闪烁。

于是丹尼尔又告诉他们,他们这是经历了第一场霜冻,这说明,秋天已经来到,冬天也不远了。

这时候,整棵树,其实应该说是整个公园,几乎一下子变得五彩缤纷。树上几乎再没有一片绿叶子。艾尔弗雷德变成了深黄。本变成了闪亮的橙色,克莱尔变成了火红色,丹尼尔变成了深紫色。而弗雷迪呢,红当中带金色又带蓝色。他们看上去都是多么漂亮啊!弗雷迪和他那些朋友让他们这棵树变成了一片虹彩。

"我们都在同一棵树上,"弗雷迪禁不住问道,"为什么我们会变成不同的颜色呢?"

"我们每一片叶子都是不同的。我们的体验各不相同。我们面对太阳的方式各不相同。我们投下的影子各不相同。我们为什么就不能有不同的颜色呢?"丹尼尔实事求是地说。丹尼尔告诉弗雷迪,这个了不起的季节就叫做秋天。

有一天,一件非常奇怪的事情发生了。同样是那些风,过去让他们在树枝上轻轻地舞动,如今却把他们在叶茎上狠狠地吹过来,吹过去,好像在大发脾气。这一来,有些叶子从树枝上被吹走,随风打转,最后轻轻落到了下面地上。

这一下,所有的叶子都吓坏了。

"到底出什么事啦?"他们悄悄地你问我,我问你。

"秋天就是这样的,"丹尼尔告诉大家,"到了叶子离开树枝落下去的时候了。有些人把这个叫做死。"

"我们全都会死吗?"弗雷迪问道。

"是的,"丹尼尔回答说,"万物都会死。不管是大是小,是强是弱。我们先完成我们的任务。我们经历日晒月照、风吹雨打。我们学会跳舞、欢笑。最后我们死去。"

"我不想死!"弗雷迪斩钉截铁地说,"你也要死吗?"

"是的,"丹尼尔回答说,"到时候我就得死。"

"到什么时候呢?"弗雷迪问道。

"谁也说不准。"丹尼尔回答说。

弗雷迪看到别的叶子在陆续飘落。他想:"一定是他们的时候到了。"

他看到有些叶子跟风对抗,有些叶子乖乖地让风吹走,安安静静地飘落到地上。

没多久,这棵树就几乎变得光秃秃的了。

"我怕死,"弗雷迪坦白地告诉丹尼尔,"我不知道下面是什么样的。"

"对于不知道的事,我们全都害怕,弗雷迪。这很自然。"丹尼尔回答

忽然洞开的窗子

说,"不过,春天变成夏天你不害怕;夏天变成秋天,你也不害怕。这些都是自然的变化。那么,你为什么要害怕这个死的季节呢?"

"那么,这棵树也要死吗?"弗雷迪问道。

"有一天它也要死。不过有一样东西比树更强。这就是生命。它将永存,我们大家全都是生命的一部分。"

"我们死了到什么地方去呢?"

"谁也说不准。这是一个大秘密!"

"我们会回到春天去吗?"

"可能回不去,可是生命一定会回去。"

"这都是怎么回事呢?"弗雷迪追问说,"既然我们要飘落下去死掉,我们干吗生长在这里呢?"

丹尼尔继续实事求是地回答:"这是为了享受太阳和月亮。这是为了一起过那么长一段快乐时光。这是为了把影子投给老人和孩子。这是为了让秋天变得五彩缤纷。这是为了看到四季。难道这些还不够吗?"

那天下午,在金灿灿的黄昏日光中,丹尼尔落下去了。他安详地落下去。他落下去的时候,好像还在安详地微笑。

"再见了,弗雷迪。"他说。

于是,就剩下弗雷迪一个,他那根树枝上就剩下了他这片叶子。

第二天早晨下了第一场雪。雪白白的,松松软软,可是冷得厉害。那一天没有什么太阳,白天非常短。弗雷迪发现他颜色也没有了,很脆,一碰就会碎掉似的。天越来越冷,雪重重地压在他身上。

天亮时来了一阵风,把弗雷迪从他那根树枝上吹了下来。一点也不痛。他觉得自己安静地、轻飘飘地往下掉。

他往下掉的时候,有生以来第一次看到了整棵大树。它是多么壮实啊!他断定它能够活很久,他知道他曾经是它生命的一部分,这让他感到自豪。

弗雷迪落到一堆雪上。它又松又软,甚至有点暖和。在这个新地方,他感到甚至比原先还舒服。他闭上眼睛,一下子睡着了。他再也不知道,春天将要到来,雪将要化成水。他再也不知道,他这片无用的干枯叶子将跟水混合起来,让这棵树长得更强壮。他睡在树下的土里,更不可能知道,春天来时,新的叶子将要长出来。

/ 思考 /

1. 一片叶子,也是一个生命。面对生命的即将陨落,弗雷迪经历了怎样的心理历程?

2. 你喜欢丹尼尔这片年长的叶子吗?说说理由。

/ 荐读 /

　　一片叶子生长的理由是为了享受太阳和月亮;是为了一起过那么长一段快乐时光;是为了把影子投给老人和孩子;是为了让秋天变得五彩缤纷;是为了四季。这就是生命存在的价值。亲切的文字,清新的画面,沁人的寓意,相信你也一定会喜欢的。让我们一起走进这本书吧!

书　　名:一片叶子落下来
作　　者:[美]利奥·巴斯卡利亚
译　　者:任溶溶
出版信息:南海出版公司 2014 年版

小种子传播的大学问[1]

芮东莉

/导读/ 种子原来有这么多本领！啊，有蹦蹦跳跳的，有爱搭便车的，有在肠胃里旅行的，还有会飞的！

到户外走走，大自然老师总会交给我许多新的知识，这次我和朋友旋开公园里的那扇神奇转门，又发现了一个有趣的生命现象：原来，小种子的传播也有大学问呢！

最富动感的传播方式——蹦蹦跳跳的种子

11月初的一天，我和朋友来到闸北公园做自然笔记。虽然前一天刚下过雨，空气潮湿得连鱼儿也可以在空中畅游，但这却丝毫没有影响到黄花酢浆草种子的传播。我的朋友是个对植物不太了解的人，于是，我准备给她来个恶作剧。我让朋友用手指去捏一枚成熟的酢浆草的果实，朋友心想，不就是捏一捏吗，有什么了不起，并没有太在意。有趣的事情很快就发生了，朋友捏住果实后大叫起来："唉呀！弹得还挺疼的呢。"原来，酢浆草的种子在受到外力的挤压下从果皮里迸射出来，弹在了朋友的手指肚上。一般情况下，酢浆草的种子可以弹射出十几厘米远，实在是个喜爱蹦跳的淘气鬼。而正是通过这种蹦蹦跳跳，酢浆草把种子传播到了周边的地方。

和酢浆草一样，紫苏种子的传播也极富动感。紫苏的花萼里有细密的柔毛，平时，种子就夹在这些柔毛之间。当花萼受到外力作用时，柔毛极速收缩并伸展，种子就像炮弹一样被弹了出去。我家阳台上的一盆紫苏种子成熟了，当我们给它浇水时，一不小心触碰到它的花萼，就会被它

---

[1] 选自《自然笔记》，中信出版社2013年版。芮东莉，语言学博士，野生环保志愿者。

的炮弹击中,真的十分有趣。瞧吧,甚至都不必去公园,也许在你家里就有这样一扇神奇的转门呢!

最偷懒的传播方式——爱搭便车的种子

今年国庆期间,我去昆明探望父母。秋高气爽的日子里,全家一起爬山游玩。谁知刚爬到一半,我们就不得不停下脚步,去收拾裤腿上和袜子上那些恼人的小家伙。原来,不知什么时候,衣袜上已经粘满了"偷渡客"!鬼针草的果实前端像一柄钢叉,当我们从它身边走过的时候,它就用叉子叉进我们的衣袜,扎得皮肤痒痒的。这个小家伙处理起来还算容易,可是,一种叫倒提壶的小草的果实却让我们吃尽了苦头。别看它小,粘起人来可毫不含糊,每枚果实的外表皮都长满细小的倒钩,钩挂在袜子和鞋上怎么也扯不下去,最后,失去耐心的我们只好任由它们粘附在身上了,有一些最后居然跟着我回到了上海。

回到闸北公园,我也遇到了这类爱搭便车的种子,它们就躲在那些长有小钩刺的果实里。粗毛牛膝的果实总是沿着花轴倒生,而果实外的苞片就像钢针一样坚挺,这样的结构可以帮助它们很容易地挂在动物和人的身上,传播到很远很远的地方。谁说这种偷懒的传播方法不好呢?

最有耐力的传播方式——在肠胃里旅行的种子

去年冬天,公园里的乌桕树吸引了成群的黑尾蜡嘴雀,蜡嘴雀的嘴又大又厚,这样的嘴吃起乌桕坚硬的果实来真是再合适不过了。有的蜡嘴雀偏爱乌桕树果实上的那层白蜡层,于是一口一个囫囵吞下;而有的蜡嘴雀却是个"挑食鬼",用坚实的上下喙挤压覆盖白蜡层的外种皮,剥掉种皮后只吃里面香甜的种子(乌桕的种子虽然味道香甜,但有毒,人不可食用)。

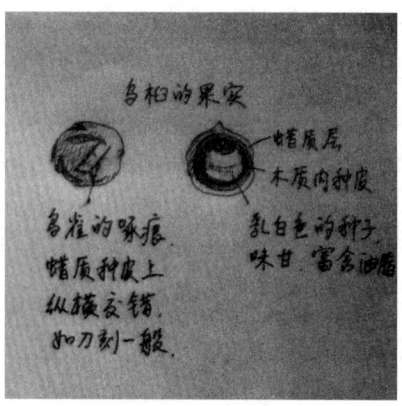

我拾起掉在地上的果实细看，那些从"挑食鬼"嘴里掉下的果实，白蜡层上留下刀刻一般的啄痕。被囫囵吞进鸟肚子里的果实接下来开始了一段有趣的旅行，这个时候，白蜡层的作用就体现出来了。乌桕果实到了鸟儿们的肠胃里，有了白蜡层和厚实外种皮的保护，种子就可以避免被消化掉。当鸟儿带着果实飞行了很远的距离后，果实里的种子也在鸟儿的肠胃里完成了旅行，这些没有被消化的种子随着鸟儿的粪便一起被排出，它们就可以在新的地方生根发芽了。

有趣的是，在公园里的一片棕榈树叶上，我还找到了一团含着两枚完好种子的鸟粪。仔细观察后我发现，这两粒种子之所以没有被消化，是因为它们有着非常坚实的外种皮。看来，不是所有的种子都可以轻易地在鸟儿或动物的肠胃里作旅行而安然无恙的，只有那些具有坚实外种皮的种子才具有这样超强的耐消化能力。公园里的金银木结出了红红的果实，它们是鸟儿们的美食。我剥开一个果实细看，里面的种子都长着厚厚的种皮，我猜，鸟儿们在饱餐之后，也一定把种子带到了很远的地方播种。

最浪漫的传播方式——会飞的种子

只要有风，撑一把小伞，它们就能把自己送到很远很远的地方去。这是许多菊科植物传播种子的方法。11月初的这天，朋友跟我说，嗨，天气这么潮湿，蒲公英的种子也早被风吹光了，哪里还能找到会飞的种子呀？我乐了，指着脚边那些极不起眼的开着小黄花的植物说："黄鹌菜呀！它的果实和蒲公英一样会飞呢。"果然，朋友蹲下身很快找到了那些撑着小伞的、被风一吹就飘散的果实，而种子就藏在这些长着冠毛的果皮里面，它们同样也热爱飞翔。黄鹌菜果实的个头比蒲公英的小多了，长度不足2毫米，冠毛也更加短小，但是，这一点儿也不影响它们的飞翔，虽然空气潮湿，我轻轻一吹，撑开小伞的"飞行家"们便起航了。

"不只是撑伞的果实会飞喔，那些长翅膀的也很会飞呢！"朋友很诧异，还有长翅膀的果实吗？于是，我找来了鸡爪槭的果实，每一枚都长有又薄又宽的翅状果皮，这就是它们的"翅膀"。虽然这些长翅膀的果实并

忽然洞开的窗子

不如撑伞的旅行家们身体轻盈,但有风的时候,它们一样可以飞得很远。我扬手把鸡爪槭的果实高高抛起,它们乘着空气,在空中翻转向前,朋友高兴地大叫:好浪漫呀!

说实话,之所以能有这么多的新发现,很大程度上要归功于"自然笔记",如果我和朋友不是拿起笔来仔细观察和记录,我们可能也会像许许多多逛公园的人一样,根本不去理睬那些看上去毫不起眼的植物果实和种子,也就打不开那扇神奇的公园转门了。

/ 思考 /

1. 作者用什么办法旋开了公园里的那扇神奇转门,发现了一个又一个有趣的生命现象,并且与我们进行了分享的?你觉得她用的这种办法好吗?

2. 走进家门口的公园,或农地或山冈,去向大自然学学新的知识吧!然后拿起你的笔,或记录或描画下来,与你的同学做个交流展示。

/ 荐读 /

这是一扇神奇的转门,它让我们像狸像獾,一头扎进灌木丛的深处,用全部的身体和心灵去亲近叶片、花朵和虫子们的世界;这是一扇心灵的转门,它让我们去爱,去珍重,去敬畏……让我们一起走进这扇门,去看灯下的夜蛾,迷网中的飞鸟!

书　　名:自然笔记
作　　者:芮东莉
出版信息:中信出版社 2013年版

野百合也有春天[1]

/导读/ 让我们一起引吭歌唱吧！

仿佛如同一场梦，

我们如此短暂地相逢，

你像一阵春风轻轻柔柔吹进我心中。

而今何处是你往日的笑容，

记忆中那样熟悉的笑容，

你可知道我爱你想你怨你念你深情永不变，

难道你不曾回头想想昨日的誓言，

就算你留恋开放在水中娇艳的水仙，

别忘了山谷里寂寞的角落里野百合也有春天，

野百合也有春天。

你可知道我野百合也有春天。

---

[1] 选自《春晚34年：1983年至2016年好歌金曲汇》，人民邮电出版社2016年版。

忽然洞开的窗子

野百合也有春天

1=♭B 或 G 4/4

罗大佑 词曲

3. 3 3 3 3 1 5 5 0 3 5 | 1. 1 1 1 7 1 6 6 0 |
仿 佛如同 一场梦， 我们 如 此短暂地相逢，

4. 4 4 4 4 2 2. 1 1 7 1 | 7. 1 7 6 5 5. 0 | 1 7 1 1 7 1 1 5 3 1 |
你 像一阵 春风 轻轻 柔柔 吹进我心中。 而今何 处是你 往日

1 4. 3 — | 2 1 2 2 1 2 6 4 2 | 1 — 7 5 5 1 2 2 |
的 笑 容， 记忆中 那样 熟悉的笑 容，你可 知道我

3 2 3 2 1 1 7 7 6 | 5 4 4 3 4 4 0 6 | 4 3 3 3 2 2 1 7 7 6 |
爱你想 你怨你念 你深情永不变， 难道你不 曾回头想 想

7 6 6 7 1 5 5 0 5 | 3 2 2 2 1 1 7 7 6 | 5 4 4 3 4 4 0 6 |
昨日的 誓 言， 就算你留 恋开放在水中 娇艳的水仙， 别

4 3 3 3 2 2 2 1 1 7 6 6 | 6 6 6 6 6 7 1 1 — : ||
忘了山 谷里寂寞的 角落里 野百合 也 有 春天。

2.
6 6 6 6 6 7 1 1 5 5 1 2 2 |
野百合也 有 春天。 你可知道我 D.S.

3.
6 6 6 6 6 7 1 1 —
野百合 也 有 春天。

/ 思考 /

1. 当我们聆听这首歌曲时,我们内心会油然而生一种美好向上的力量;当我们放声歌唱这首歌曲时,我们的内心会悄然充盈一种幸福与自豪。想想,这是为什么呢?

2. 用你的笔,也写一首咏物小诗吧!试着把它吟诵给你的同学听听。

/ 荐读 /

"生命因诗而苏醒。"这是诗人席慕蓉的诗语。著名作家巴金也曾说过:"我们不是光靠吃米活着的。"是的,我们的生活需要诗歌,需要歌曲;我们的生命需要诗歌,需要歌曲。让我们走进《无怨的青春》,让我们走过的青春是无怨的。

书　　名:无怨的青春
作　　者:席慕蓉
出版信息:长江文艺出版社
2017 版

凌霄(外一篇)[1]

李 渔

/导读/ 任何一种花木,都是我们在这个世界的伴友。从古及今,永恒不变。

凌 霄

藤花的可敬者,莫若凌霄。然望之如天际真人,卒急不能招致,是可敬亦可恨也。欲得此花,必先蓄奇石古木以待,不则无所依附而不生,生亦不大。予年有几,能为奇石古木之先辈而蓄之乎?欲有此花,非入深山不可。行当即之,以舒此恨。

黄 杨

黄杨每岁长一寸,不溢分毫,至闰年反缩一寸,是天限之木也。植此宜生怜悯之心。予新授一名曰"知命树"。天不使高,强争无益,故守困厄为当然。冬不改柯,夏不易叶,其素行原如是也。使以他木处此,即不能高,亦将横生而至大矣;再不然,则以才不得展而至瘁,弗复自永其年矣。困于天而能自全其天,非知命君子能若是哉?最可悯者,岁长一寸是已;至闰年反缩一寸,其义何居?岁闰而我不闰,人闰而己不闰,已见天地之私;乃非止不闰,又复从而刻之,是天地之待黄杨,可谓不仁之至、不义之甚者矣。乃黄杨不憾天地,枝叶较他木加荣,反似德之者,是知命之中又

---

[1] 选自《闲情偶寄》,中华书局2015年版。李渔(1611—1680),明末清初文学家、戏剧家、美学家。

知命焉。莲为花之君子,此树当为木之君子。莲为花之君子,茂叔知之;黄杨为木之君子,非稍能格物之笠翁,孰知之哉?

/ 思考 /

1. 李渔说,想拥有凌霄这种花,非入深山不可。为什么?
2. 作者为什么认为黄杨为"木之君子"?

/ 荐读 /

一位热爱古典文学和艺术的科学家,他漫山遍野地跑,他在浩瀚古籍里找,他让《诗经》《楚辞》里的植物得以重现。他就是潘富俊,他给我们带来了《草木缘情——中国古典文学中的植物世界》。让我们一起走进他的植物大观园,去看看花草和树木,去感受植物与文学的美好情愫吧!

书　　名:草木缘情——中国古典文学中的植物世界
作　　者:潘富俊
出版信息:商务印书馆 2015 年版

第六单元
太平洋下四千里

壮哉，彭加木[1]

高洪雷

/导读/ 一个文弱而勇敢的科学家，只身踏入了"死亡之海"。在那里，他化作了"罗布魂"。

  他叫彭加木，广东番禺人，在兄弟五人中排行小五，生得清雅如竹，文气如水，戴着银边眼镜，头发与着装一丝不苟。我想，每一个当母亲的人，看到这张面孔，都不免想保护他，照顾他。

  他出生于1925年，22岁毕业于南京国立中央大学农学院。新中国成立后，他从北京大学农学院教师岗位来到中国科学院上海生物化学研究所工作。1956年，中国科学院拟组织综合科学考察委员会赴边疆调查。为了能到边疆工作，他不但放弃了出国学习的机会，甚至给中国科学院院长郭沫若写了一封自荐信，表达了不达目的誓不罢休的决心。要知道，一个平时不善言谈、身体相对瘦弱的人，能做出如此出人意料的抉择和举动，可见他对自己所向往的事业是多么地执着啊。用当时一句时髦的话来说，就是他的血管里沸腾着理想的热血！

  到边疆调查，风餐露宿，马不停蹄，连壮如牛犊的猎人都吃不消，况且是这位从象牙塔里走出来的文弱书生。果然，他在1957年得病了，而且是不治之症——癌症。无奈之下，他只有回到上海治疗。更悲戚的是，在上海中山医院治疗过程中，又发现他患有淋巴网状细胞肉瘤，病情一次次无情地宣布了他的生命限度。

  如果换作别人，或许再也离不开上海，甚至离不开病榻了。但小小的癌细胞，怎么会击倒一位意志坚硬得如同金刚石般的强者呢？边疆有那么

---

[1] 选自《楼兰啊，楼兰》，人民文学出版社2018年版。高洪雷，1964年生，作品有《布衣》《片瓦集》《百叶集》《楼兰啊，楼兰》等。

忽然洞开的窗子

多的事情等着他去做,他怎么会轻易撒手人寰呢?就在知情者多认为他会不久于人世时,医院的高超医术和他的坚定意志神奇地融合在一起,哭丧着脸的死神被赶走,他的身体居然奇迹般地好起来。之后,在人们惊异的目光里,他不但走出了医院,而且坐上西去的列车,重新回到了边疆一线。

我在中学时代就被老师逼着读《钢铁是怎样炼成的》,其实,不用读这本苏联小说,彭加木就是一本现实版的《钢铁是怎样炼成的》,他的经历十分明确地告诉我们:钢铁是用理想炼成的,事业是用精神铸就的。除此,别无他法。

此后,这个奇迹般战胜了癌症的"工作狂",踏遍了云南、福建、甘肃、陕西、广东、新疆等十多个省区,十五次进入新疆考察,三次进入罗布泊地区调查自然资源,为中国的植物病毒研究做出了卓越贡献。

1980年6月5日,一个永远值得纪念的日子。这一天,考察队在彭加木的带领下,由北向南穿越了罗布泊全长450公里的干涸湖底,在湖盆中采集了众多的生物、土壤标本和矿物化石,为我国综合开发罗布泊做了前瞻性准备,并按计划到达了本次考察的终点——米兰。史无前例的纵贯罗布泊湖底的任务,终于首先被中国考察队完成了。一起完成这一壮举的,是中国科学院新疆分院的汪文先、马仁文、阎鸿建、沈观星、陈百泉、司机陈大华、司机王万轩、司机包纪才和驻军某部队的无线电发报员肖万能。

6月11日,完成罗布泊考察任务的彭加木,在米兰农场小憩片刻,便准备沿古丝绸之路南线再次横贯罗布泊,然后取道敦煌返回乌鲁木齐。

6月16日下午2时许,考察队来到"黑色大耳朵"神秘的耳垂——库木库都克以西8公里处。此时,车上所带的汽油和水几乎耗尽,按计划,还有400公里路程。经讨论,他们决定就地找水。当天下午没找到。晚上,开会决定,向当地驻军发电求援。彭加木亲自起草了电报稿:"我们缺水和油,剩下的水和油只能维持到明天。"起先,彭加木并不同意发电报求援,只希望自己找水。因为当时向当地驻军求援送水要用去大约7 000元资金,这在当时是一笔巨款。最后,他是在大家的压力下才同意发出电报的。

6月17日上午9时,部队回电同意给予物资援助,并要求提供营地坐标。按照科考队提供的说法,下午1时,司机王万轩到车里取衣服时,在一本地图册里发现了一张纸条,看后不由大吃一惊:"我往东去找水井。彭。六月十七日十时三十。"立刻,一股不祥的预感袭上王万轩心头,因为他清楚,彭院长冒着50℃以上的高温单独到沙漠里找水,是极其危险的。

随即,队员们循着彭加木的脚印集体东去寻找,脚印消失处,大漠茫茫,雅丹处处,哪里还有什么痕迹。

天黑了,考察队把三部吉普车全部开到高处,每半小时发动一次,打开车灯,同时燃起篝火,期待彭院长循着亮光返回宿营地。这一夜,罗布泊的漠风如泣如诉地吟唱着不祥,恐怖的长风舔舐得火苗呼啦啦直冲天际,黑色的柴屑如黑蝴蝶一般狂飞乱舞。

次日,罗布泊刮起11级的"妖风",彭加木遇难前捕捉到的一峰小骆驼干渴倒毙,继而被风沙掩埋。此后5天,又有两次大风暴来袭。风暴中心,黄龙一般的沙柱扶摇着直升天穹,如一架架巨大无比的抽风机,将地面上的浮物与残迹席卷一空。

就这样,在这个中外探险家谈之色变的陆地"百慕大",在这片世人公认的"死亡之海",彭加木从此永远失踪了,失踪得没有一点蛛丝马迹,失踪得令人匪夷所思。

6月24日,中央人民广播电台在《新闻联播》节目中,突然中断正常播音,以低沉的语气播出了"著名科学家彭加木在罗布泊考察时失踪"的消息。这年夏天和秋天,彭加木与罗布泊同时成为人们议论的中心。几乎所有的中国人都在迷惑不解:在这个人满为患的地球上,居然还有一个地方能让人失踪?

国家先后四次派出十几架飞机、几十辆汽车、几千人拉网式搜寻,他的妻子夏叔芳、儿子彭海也亲临失踪现场寻找,但面对亲人与战友的深情呼唤,那些黑风暴刮起的沙包、沙梁、沙山却没有任何回应,彭加木活不见人,死不见尸。

这位科学家化作了"罗布魂"。

其实,魂归罗布泊的有志者何止一人,如1976年在罗布泊北部作业因失联而牺牲的新疆地矿局3名地质队员,如1980年在罗布泊进行野外踏勘时遇险殉难的新疆石油管理局3名勘探队员,如1996年在徒步穿越

忽然洞开的窗子

罗布泊时脱水身亡的青年探险家余纯顺……

斯人已去,碑刻永在。如今仍有无数仁人志士义无反顾,前赴后继……

多少年过去了,彭加木仍旧和地质科学家李四光、石油铁人王进喜一起,矗立在一代代地质人的心中。

伟人之所以伟大,大概是因为我们坐着而伟人站着吧。

/ 思考 /

1. "钢铁是用理想炼成的,事业是用精神铸就的。"彭加木因为有理想与精神,实现了人生价值的升华。那么,是不是有了理想和精神,就一定是"站着的人"呢?

2. 文中在对彭加木事迹的叙述中夹杂着一些对罗布泊的描写,比如"黄龙一般的沙柱扶摇着直升天穹"。你觉得这些文字精彩吗?说说你的理由。

/ 荐读 /

"楼兰",一个熟悉而陌生的古国,一个神秘而忧伤的地方。"黄沙百战穿金甲,不破楼兰终不还。"在古代众多文人墨客笔下熠熠生辉的楼兰,在丝绸之路上曾是一颗怎样的西域明珠?千年前盛世光景下的它,如今又去哪儿了?是哪些探险家走过了哪些路终于找到了它?读一读这本《楼兰啊,楼兰》吧,去书里寻找你想知道的答案。

书　　名:楼兰啊,楼兰
作　　者:高洪雷
出版信息:人民文学出版社
　　　　　2018年版

荒岛求生[①]

丹尼尔·笛福

/导读/ 对于鲁滨孙来说,这是一座陌生的岛;对于岛来说,鲁滨孙是一个陌生的人。

有段时间,我一直想周游全岛。我曾走到小溪尽头,到达我的乡间住宅。在那儿有片开阔地一直延伸到海岛另一头,于是我决定先到海岛那头去看看。我带上枪、斧头、狗,以及很多的火药子弹,还带了两块干粮和一大包葡萄干。我穿过我的茅舍所在的山谷,向西眺望,看到了大海。这天,天气晴朗,大海对面的陆地可以看得很清楚。我不知道那是海岛还是大陆,只知道地势很高,从西一直向西南偏西延伸,距我所在的小岛估计有45海里。

我不知道那是哪儿,估计是美洲的一部分吧,也许上面都是野人。要是当时我在那儿上岸,情况肯定会很糟。现在,我更愿意听天由命,觉得现在这种安排已经很好了。这样一想,我就开始暗自庆幸。

我边想边缓步向前走去。小岛这边的环境,比我原来住的那边好多了。草原开阔,绿草如茵,遍地的野花散发出阵阵芳香,到处是茂密的树林。我看到许多鹦鹉,很想捉一只养起来,教它说话。我还真用棍子打下来一只小鹦鹉。等它苏醒后,我把它带回了家。但一直过了好多年,我才教会它说话,让它可以亲热地叫出我的名字。

我还来到海边,看到海滩上龟鳖成群,但是在我住处那边的海岸,一年半中才找到了三只。此外,这里还有无数的飞禽,有些是我以前见过

[①]选自《鲁滨孙漂流记》,商务印书馆2012年版。丹尼尔·笛福(1660—1731),英国作家。英国启蒙时期现实主义丰富小说的奠基人,被誉为欧洲的"小说之父"。

忽然洞开的窗子

的,有些却从未见过。

我承认这边比我住的地方好很多,可我不想再搬家,因为我在那边已经住习惯了。这边再好,总觉得是在外地旅行,而不是在家里。我沿着海边向东走去,大约走了十二英里后,我在岸上竖了一根大柱子作为记号,决定暂时回家。那么下次旅行就可以从家里出发,向相反方向走,沿海岸往东,正好走半圈回到立柱子的地方。

回家的路上,我的狗偷袭了一只小山羊,并把小山羊抓住了。我连忙跑过去从狗嘴里夺过来。我以前经常想,要是能养几头山羊,让它们生小羊,那么,等我哪天没有粮食了,可以用羊肉来充饥。因此,我决定把这头小山羊牵回家去。我给小羊做了个项圈,又用麻纱做了一根细绳子拴住。小羊不听话,我费了很大的劲才把它牵回我的乡间住宅。我把小山羊圈起来就离开了。我急于回家,因为算起来离家有一个多月了。

回到家,我躺在吊床上,心里有说不出的高兴和满足。

这次外出,做了一次小小的旅游,我一直没有安定的感觉,总感到不称心。现在回到家里,跟出门在外的生活一比,更觉得这个家确实完满无缺,舒适安定。因此我决定,如果命中注定要我在这个岛上度过下辈子,以后就不能离家走得太远了。

/ 思考 /

1. 正如鲁滨孙想的那样,家里安稳的生活即使不富足也比居无定所要好得多。那么为什么还会有那么多人要离开家去探索新的世界,过着漂泊的生活呢?

2. 这一章节叙述了鲁滨孙在荒岛上一段艰难的求生旅程,但文字中夹杂着对岛上小动物的描写,还有一些琐碎趣事。这些看似不能表现岛上生存之难的文字是否可以删去?为什么?

/ 荐读 /

人们总幻想着穿越到一个不同的环境里去感受不同的生活,那么鲁滨孙在荒岛上的日子何尝不是一种穿越呢?他在这样一个陌生的岛上怎样存活下去?他又遇到了哪些人和事?岛上的生活究竟是陷阱重重还是趣味横生呢?这座小岛上又有着怎样的风貌呢?何不打开这本书,跟随着鲁滨孙的脚步,穿越到这座岛上,在字里行间畅游一番呢?

书　　名:鲁滨孙漂流记
作　　者:[英]丹尼尔·笛福
校　　译:[美]彼得·艾克什兰
出版信息:商务印书馆2012年版

太平洋下四千里[①]（节选）

儒勒·凡尔纳

/导读/ 浩浩大洋，生生不息。"鹦鹉螺"号的探险随着大海在阳光下的苏醒而继续前进。

捕鱼的事搞完，空气也已经换过，于是我想，"鹦鹉螺"号可能要继续它的海底航行了。我正准备回房间时，内莫艇长朝我转过身来，开门见山地说道：

"教授先生，请看这大洋，这大洋难道不是真有生命吗？它不是既能发怒，也会很温柔吗？昨天，大洋像我们一样睡下，现在，静静地睡了一夜之后，它醒了！"

既不道早安，也不道晚安！这个怪人好像在接着和我进行已经开始了的谈话。

"您看，"他接着说，"大洋是在太阳的抚摩之下醒来的！它要开始白天的生活了！追踪观察大洋的机能变化，是一项有意思的研究。大洋有脉搏，有动脉，会痉挛，我认为那位叫莫里的学者说得对，他在大洋身上发现了循环系统，和动物身上的血液循环一样真实。"

可以肯定，内莫艇长并没打算从我这里得到什么回答，我也觉得没有必要跟他说些"显然是这样""当然"和"您说得对"之类的话。因为，他在每句话之间都停顿很长时间，更像是在自言自语。这是一种出声的思考。

"是啊！"他说，"大洋真的拥有循环系统，为了让这个系统循环起来，创造万物的造物主只要在大洋里加些热素、盐和在显微镜下才能看得到

[①] 选自《海底两万里》，人民文学出版社2004年版。儒勒·凡尔纳（1828—1905），法国小说家、剧作家及诗人。

的微生物就行。确实,热素使海水出现不同的密度,使海水形成顺流和逆流。在北极地区不存在蒸发问题,但在赤道地区蒸发却进行得非常活跃,导致热带地区海水和极地地区海水不断交流。此外,我发现存在着自上而下和自下而上的水流,真正构成了海洋的呼吸。我看到过,海水分子在海面上晒热以后就回落到海底,一直落到零下二摄氏度的地方,达到自己的最大密度,然后,水分子的温度继续降低,于是它变得轻了,就又升到上面。到了极地,您就会看到这种现象造成的结果。同时,依据有先见之明的大自然的这条规律,您还会明白,结冰现象何以只在水的表面出现!"

内莫艇长说完这句话,我就想:"极地!难道这个天不怕地不怕的人想把我们一直带到极地去?"

这时,内莫艇长沉默了,两眼盯着被他不间断地、彻底地研究过的海洋。过了一会儿,他又接着说道:

"海水里有大量的盐,教授先生,如果您把溶解在海水里的盐都提取出来,您能用这些盐堆成一座四百五十万立方法里的山,若是把这些盐铺在地球上,厚度将高达十多米。不要以为,存在着这么多的盐,是大自然任意造成的。不是这样。盐使海水变得不易蒸发,使风不能把太多的海水水蒸气带走,而太多的水蒸气会化成水把温带地区淹没。盐的作用巨大,在地球的总体协调中,盐起着制衡作用!"

内莫艇长停下来,他甚至站起来在平台上走了几步,然后又走到我面前:

"至于纤毛虫,"他说,"说到这些难以数计、在显微镜下才能看得到的微生物,一滴水里就有几百万个,八十万个才有一克重,但它们的作用却不可小觑。它们吸收海水里的盐分,吸收水里的固体物质,作为石灰质大陆的真正制造者,它们生产珊瑚和石珊瑚!一滴水里若是没有矿物养料,就会变轻,就会升到海面上去,到那里去吸收海水蒸发时遗弃的盐,从而变重,再下降,给那些微生物带去新的可以吸收的元素。这样就产生了水流的循环升降,永远运动,生命永存!生命比在大陆上更有活力,更加旺盛,更加没有穷期,正在大洋的所有地方变得生机勃勃。有人说,海洋是人的死界,对不可胜计的动物来说,它却是生天!——对我来说,海洋也是生天!"

忽然洞开的窗子

　　内莫艇长说这些话的时候，整个人都变了，使我大为感动。
　　"因此，"他补充道，"这里才是真正的生活！我将设计建立一些海上城市，一些海底居民区。这些城市，这些居民区，就像'鹦鹉螺'号一样，每天早晨回到海面上换空气。如果可能，就建立一些自由的城市，独立的城邦！不过，谁知道会不会有个什么暴君……"
　　内莫艇长用一个激烈的手势结束了自己的话。

/ 思考 /

　　1. 内莫艇长说海洋中才有"真正的生活"。海洋中不仅资源丰富，而且其中的洋流、矿物质与生物等构成了一个很完整的生态圈。这是不是在说海洋远比陆地重要，甚至可以完全脱离陆地而孕育这份"真正的生活"呢？
　　2. 有人说，文中内莫艇长说的话太多了，你怎么看？

/ 荐读 /

　　人类对于海洋的了解可谓知之甚少。大海有多大？大海有多深？大海里有哪些动物？人们能不能在大海里生活……随着科学的发展，有些问题得到了解决，可有些仍旧是不解之谜。正因为如此，对于海洋，人类的想象从未停歇过。读一读法国作家凡尔纳的《海底两万里》以及海洋三部曲的另外两部——《格兰特船长的儿女》与《神秘岛》，那里有他给我们描绘的非凡多姿的大海，科学与幻想在这三本书中碰撞出了极为灿烂的火花。

书　　名：海底两万里
作　　者：[法]儒勒·凡尔纳
译　　者：赵克非
出版信息：人民文学出版社
　　　　　2004年版

失踪的哥哥[1]

叶至善

/导读/ 在时光的流逝中脚步忽然停下了十五年的哥哥,竟然重新走回了张春华的生命中。

"喂！喂！是东山路 16 号张家吗？"

"是呀！你找谁？"

"你是谁？"

"我是张春华。"

"好极了。这是公安局。你们家里走失了小孩儿吗？"

"小孩儿？没有的事！你们是公安局,就应该知道我还没有结婚。"

"真是这样吗？请你想一想,有没有一个小男孩儿,叫张建华的？"

"张建华？是我的哥哥呀！我今年 22 啦,哥哥还比我大 3 岁呢。"

"张春华同志,你不忙着急。请你马上到我们局里来,我先陪你到现场去认一认,看这个小孩儿到底是不是你们家的。"

张春华放下电话,急忙拉开抽屉,取出一本相片薄,从里面取出一张旧相片来,塞在口袋里。

传达室的同志把张春华引进办公室：

"陈科长,张春华同志来了！"

陈科长拿起桌上的一本硬面小册子,张春华用颤抖的手,摸出口袋里的相片。他几乎恳求地说："是这个小孩儿吗？请你再认一认。"

"好极了,你真是个精细人,把相片也带来了。是 15 年前的吗？让我

---

[1] 选自《失踪的哥哥》,湖北少年儿童出版社 2009 年版,有删减。叶至善(1918—2006),中国著名的少儿科普作家,作品有《失踪的哥哥》《未必佳集》《梦魇》等。

看。完全对，就是这个小孩儿。连身上穿的，也就是这一件蓝柳条的翻领衬衫。"

"这样说起来，我的哥哥早就死了！"张春华完全绝望了。

"非常抱歉，我只能说老实话。当初我的确是这样肯定的。可是那位陆工程师硬要跟我争，说你的哥哥还有活的希望……"

"还有活的希望？"张春华信不过自己的耳朵，"你说的哪一位陆工程师？"

"第一冷藏厂的陆工程师。两个钟头以前，我接到他的电话，说他们厂里发现了一个冻得失去了知觉的小孩儿——他认为是冻得失去了知觉，并没有冻死，于是要我们立刻派人去。我赶去一看，只见你哥哥躺在速冻车间的一个角落里，身上盖满了雪白的霜……我们到现场去看一看吧！陆工程师还在等候咱们哩！"

陈科长和张春华在会客室里才坐下来，门口进来了一位胡须花白的小老头儿。陈科长立刻招呼说："陆工程师，我们把那个小孩儿的家属找到了，就是这位张春华同志。"

三个人来到速冻车间门前。他们戴上了防冻面具、防冻手套，穿上了防冻衣、防冻靴。这样打扮，颇有点儿像准备下海去的潜水员。

三个人沿着传送带往前走，淡紫色的灯光虽然很暗淡，张春华已经分明看见，有个小孩儿躺在小巷的尽头。

"陈科长，"张春华听得老工程师在他背后说，"我想这个小孩儿一定以为我们厂里有什么好玩的，趁没有人看见的时候，偷偷地躲在空铁箱里，让传送带给带了进来。可是一进车间，他就冻得受不住了，只想逃出去。哪知道才爬出铁箱，他已经冻得失去了知觉。"

"可是我有点不明白，"张春华问老工程师说，"我哥哥在你们厂里15年了，怎么会直到今天才发现呢？"

"这倒没有什么奇怪的。"老工程师恢复了平静，"你要知道，我们的速冻车间全部是自动化的。开工那一天，我们把大门锁上了，16年来从没打开过。今天的事也非常偶然，要不是自动传送带出了点儿小毛病，我们还不打算进去哩！"

"那么据您看,我的哥哥……"张春华两只眼睛盯住了老工程师的脸。

"破坏身体组织的不是冷,而是冰。身体组织一被冰破坏,生命当然也就完结了。你的哥哥,看起来似乎也不曾结冰。结了冰,身体就僵硬了,你哥哥的身体不是仍旧很软吗?我想请王大夫来看一看,跟他仔细商量一下,看应该怎么办。"

时钟打了8下,王大夫准时走进了临时手术室,背后跟着两个女护士。

"张同志,你哥哥醒过来了!"陈科长喊。

张建华真的醒过来了,小眼睛睁得圆圆的。他看见了周围尽是陌生人,害怕地叫起来:

"爸爸!爸爸!"

张春华扑上去,眼睛里含满了泪水。他像抱一个小弟弟一样,把哥哥抱了起来。这位哥哥却还死劲地推开他的弟弟。

"我要爸爸!我要爸爸!"

"不要怕,不要怕。"王大夫拍了拍张建华的小肩膀。"他会带你回家去的。"

这15年,对张建华来说,完全是一片空白。要跟他把每一件事情解释明白,绝不是三言两语能办得到的。何况他还是个三年级的小学生,他还缺乏理解自己这段经历的必要的知识。

/ 思考 /

1. 因为被冰冻而错过了十五年,张建华在醒来后必定要面对诸多的难题。你觉得家庭的变化和社会的变化,究竟哪一个会让张建华更难适应呢?说说你的理由。

2. 哥哥失踪了十五年,张春华在内心早已认定哥哥去世了。当发现哥哥还有活着的希望之时,他的心情一定是复杂的。文中对此并没有详细的描写,如果让你来修改这篇文章,你会在什么位置加上怎样的心理活动描写?

忽然洞开的窗子

/ 荐读 /

你知道雨果奖吗？那可是世界科幻协会颁发的"科幻成就奖"。你知道中国的哪部作品首次获此殊荣吗？对，就是《三体》，是著名科幻小说家刘慈欣的力作。说到科幻题材，我们不能不惊叹那些优秀作品在时间和空间上所产生的深刻影响，它拥有众多追捧者。除了古今中外的小说作品，也有不少脍炙人口的影视作品，在科学的基础上发挥想象，描绘出一个亦真亦幻的世界，情节扣人心弦又引人深思，确实是令人着迷的艺术天地。《三体》中的宇宙令人着迷。三体人究竟什么样？所谓"计划"背后有怎样的真相？地球人类的命运又会如何？这本书会为你打开新世界的大门。

书　　名：三体
作　　者：刘慈欣
出版信息：重庆出版社 2008 年版

三兄弟的传说[①]

J.K. 罗琳

/**导读**/ 三兄弟面对死神的奖励做出了他们的选择,开启了不同的人生轨迹。

　　从前,有三兄弟在一条僻静的羊肠小道上赶路。天色已近黄昏,他们走着走着,来到了一条河边,水太深了,无法蹚过去,游过去也太危险。然而,三兄弟精通魔法,一挥魔杖,危险莫测的水上就出现了一座桥。他们走到桥中央时,一个戴兜帽的身影挡住了他们的去路。

　　死神对他们说话了。死神很生气,他失去了三个新的祭品——因为旅行者通常都会淹死在这条河里。但是死神很狡猾。他假装祝贺兄弟三人的魔法,说他们凭着聪明而躲过了死神,每人可以获得一样东西作为奖励。

　　老大是一位好战的男子汉,他要的是一根世间最强大的魔杖:一根在决斗中永远能帮主人获胜的魔杖,一根征服了死神的巫师值得拥有的魔杖!死神就走到岸边一棵接骨木树前,用悬垂的树枝做了一根魔杖,送给了老大。

　　老二是一位傲慢的男子汉,他决定继续羞辱死神,想要的是能够让死人复活的能力。死神就从岸上捡起一块石头给了老二,告诉他这块石头有起死回生的能力。

　　然后死神问最年轻的老三要什么。老三是最谦虚也是最聪明的一个,而且他不相信死神。因此他要一件东西,可以让他离开那里而不被死

[①] 选自《诗翁彼豆故事集》,人民文学出版社 2008 年版。J.K. 罗琳,1965 年生,英国作家,作品有《哈利·波特》系列。

忽然洞开的窗子

神跟随。死神极不情愿地把自己的隐形衣给了他。

然后死神站在一边让兄弟三人继续赶路，他们就谈论着刚才的奇妙经历，赞赏着死神的礼物，往前走去。

后来兄弟三人分了手，朝着各自的目的地前进。

老大走了一个多星期，来到一个遥远的小山村，跟一位巫师争吵起来。自然，他用那根接骨木做成的"老魔杖"作武器，无疑会获取决斗的胜利。对手倒地而亡后，他继续前行，走进了一个小酒馆，大声夸耀着自己从死神手上得来的强大魔杖如何战无不胜。

就在那天晚上，老大喝得酩酊大醉后，另一个巫师蹑手蹑脚地来到他床边偷走了魔杖，并且割断了他的喉咙。

就这样，死神取走了老大的命。

与此同时，老二回到了他独自居住的家，拿出可以起死回生的石头，在手里转了三次。让他惊喜交加的是，他想娶的但不幸早逝的女孩立刻出现在他面前。

可是她悲伤而冷漠，他们之间似乎隔着一层纱幕。她尽管返回了人间，却并不真正属于这里，她很痛苦。最终，老二被没有希望的渴望折磨疯了，为了真正能和她在一起而自杀身亡。

就这样，死神取走了老二的命。

但是，死神找了老三好多年，却始终没能找到他。老三一直活到很老以后，才最终脱下隐形衣，交给了他的儿子，然后像老朋友见面一样迎接死神，并以平等的身份，高兴地同他一道，离开了人间。

/ 思考 /

1. 三兄弟分别向死神索要了不同的奖励，但他们的结局都是跟着死神走了。那么你觉得他们的选择有不同呢？如果是你，你会做出怎样的选择呢？你又会怎样使用死神的奖励呢？

2. 文中并没有对死神样貌与性格的直接描写，但是死神的形象却跃然纸上。想想看作者是通过什么办法将死神表现得如此栩栩如生的呢？

/ 荐读 /

你是不是曾经幻想过自己会魔法,能够改变天气或是和动物对话?你是不是曾经幻想过养一只奇特的宠物,比如一条龙或者鹰头马身的巨兽?你是不是曾经幻想过学校里学的不是语文、数学,而是怎样使杯子飘浮起来,怎样制作会给自己带来好运气的药水。读一读《哈利·波特》吧,让哈利与他伙伴们的故事伴随着你的成长娓娓道来。

书　　名:哈利·波特
作　　者:[英]J.K.罗琳
译　　者:马爱农　马爱新等
出版信息:人民文学出版社
　　　　　2014年版

少年 Pi 的奇幻漂流[①]（节选）

扬·马特尔

/导读/ 荒芜的海面上，一只骇人的老虎与 Pi 同行，陷入惊恐中的 Pi 思索着对策……

下了一夜的雨。我度过了一个可怕的无眠之夜。雨声很大。雨打在接雨器上，发出鼓点般的声响，而在我周围，从遥远的黑暗之中传来的，是嘶嘶的雨声，仿佛我正置身于一个满是愤怒的蛇的巨大蛇窝里。风向的改变也改变了雨的方向，因此我身体上刚开始感到温暖的部分又被重新淋湿了。我改变了接雨器的方向，几分钟后却很不高兴地惊讶地发现风向又变了。我试图让身体的一小部分，胸前的部分，保持干燥温暖，那是我放求生指南的地方，然而潮湿却故意下定决心要扩散开来。那一整夜我都冷得发抖。我不停地担心小筏子会散掉，把我与救生艇连接在一起的绳结会松开，鲨鱼会来袭击。我不停地用手检查绳结和捆绑的绳子，试图摸明白，就像盲人读盲文一样。

夜渐渐深了，雨下得更大，大海也更加汹涌。连接救生艇的缆绳不再被轻轻地牵动，而是猛地被拉紧了，小筏子摇晃得更厉害，更不稳了。它还在漂，每一个浪打来它都冲上浪头，但是已经没有干舷，每一朵开花浪冲过来，都冲上小筏子，从我身边冲刷而过，就像河水冲刷着卵石。海水比雨水温暖一些，但这就意味着那天夜里我身上连一小块干的地方也没有了。

至少我喝到水了。我并不是真的很渴，但却强迫自己喝了。接雨器看上去像一把倒置的雨伞，一把被风吹开的雨伞。雨水流到接雨器中心，

[①] 选自《少年 Pi 的奇幻漂流》，译林出版社 2012 年版。扬·马特尔，加拿大作家。

那里有一个洞。一根橡胶管把这个洞和用厚厚的透明塑料做的接雨水的袋子连了起来。开始水有一股橡胶的味道,但是很快雨水就把接雨器冲洗干净,水就没什么味道了。

在那漫长、寒冷、黑暗的几个小时里,看不见的雨劈里啪啦的声音渐渐变得震耳欲聋,大海嘶嘶作响,海浪翻卷,把我扔过来扔过去,这时我只想着一件事:理查德·帕克。我策划了好几个摆脱他的方案,这样救生艇就可以是我的了。

一号方案:把他推下救生艇。那有什么好处呢?即使我能把一只450磅重的活生生的猛兽推下救生艇,老虎可是游泳健将。在松达班,人们都知道他们能在波浪翻滚的河中央游5英里。如果理查德·帕克发现自己意外地翻下了船,他就会踩水,爬回船上,让我为自己的背叛付出代价。

二号方案:用6支吗啡注射器杀死他。但是我不知道吗啡会对他有什么样的影响。这样的剂量能够杀死他吗?我该怎么把吗啡注射到他身体里呢?我只能模糊地想到可以出其不意地让他吃一惊,就像他妈妈被捉时那样?但是要让他吃惊的时间足以让我连续注射6支吗啡?不可能。我只能用针刺他一下,而这会换来他的一巴掌,这一巴掌会把我的头打掉下来的。

三号方案:用所有能找得到的武器袭击他。荒唐。我又不是人猿泰山。我是一个瘦小、虚弱、吃素食的生命。在印度,人们得骑在庞大的大象背上,用火力很足的枪,才能杀死老虎。我在这儿能怎么办?当着他的面发射一枚火箭照明弹?一手提一把斧子,嘴里叼一把刀,朝他扑过去?用直的和弯的缝衣针结果了他?如果我能砍伤他,那会是一项了不起的英雄业绩。作为回报,他会把我一只胳膊一条腿、一个器官一个器官地撕成碎片。因为,如果有什么比健康的动物更危险的话,那就是受伤的动物。

四号方案:勒死他。我有绳子。如果我待在船头,让绳子绕过船尾,用绳套套住他的脖子,我就能拉紧绳子,而他就会拉住绳子来抓我。这样,来抓我这个动作会让他勒死自己。一个聪明的自杀计划。

五号方案:毒死他,烧死他,电死他。如何实施?用什么实施?

六号方案:发动一场消耗战。我只需顺从无情的自然规律就能得救。

忽然洞开的窗子

等他渐渐衰弱、死亡，这并不需要我花费任何力气。我有足够好几个月吃的食物。他有什么？只有几具很快就会腐烂的动物尸体。吃完这些之后他能吃什么？更好的是：他能从哪儿弄到水呢？他不吃东西也许能活几个星期，但是任何动物，无论他多么强壮，都不可能不喝水还能活很长时间。

我心里闪现出一朵希望的小火苗，就像黑夜中的一支蜡烛。我有了一个计划，而且是个很好的计划。我只需要活着，就能实施这个计划。

/ 思考 /

1. Pi寻找着一切摆脱老虎理查德·帕克的办法，他想出了六条对策，似乎除了第六条其他都不可行。你觉得第六条对策可行吗？Pi会按照六号方案实行吗？

2. 选段中作者把Pi绝望而恐惧的内心描写得淋漓尽致。若是把前三段改成心理描写，直接写出Pi的心境，你觉得好吗？为什么？

/ 荐读 /

自古，人们喜欢动物又害怕动物，热爱大海又恐惧大海，在这样的矛盾中，少年Pi因为一场事故在茫茫大洋中与动物一起漂流。这些动物有些凶猛，有些可爱，可它们都随Pi一起，沉浮在大海中的残酷环境里，一切都变得复杂多舛。或许刚打开这本《少年Pi的奇幻漂流》时你会觉得枯燥无味，可是相信只要你看下去，就会为了动物与Pi的命运而揪心，爱上这本书。

书　　名：少年Pi的奇幻漂流
作　　者：[加拿大]扬·马特尔
出版信息：译林出版社2012年版

橄榄树[1]

三 毛

/导读/ 流浪是无心的探险,是有意的漂泊,它不问何去何从,只追寻梦境里的人生态度。

这明明是一只孔雀,怎么叫它一棵树呢?

我想问问你,如果,如果有一天,你在以色列的一家餐馆里,听到那首李泰祥作曲,三毛作词,齐豫唱出来的——《橄榄树》,你,一个中国人,会是什么心情?

以色列,有一家餐馆,就在放《橄榄树》这首歌。

当时,我不在那儿,在南美吧!在那个亚马逊河区的热带雨林中。

是我的朋友,那个,在另一张南美挂毡的照片故事中提到的朋友——他在以色列。是他,听到了我的歌。那时候,我猜,他眼眶差一点要发热,因为离开乡土那么远。

回来时,我们都回返自己的乡土时,我给了他一张秘鲁的挂毡。他,给了我一只以色列买来的孔雀。然后,把这个歌的故事,告诉了我。

一九八九年,如果还活着,我要去以色列。在那儿,两家犹太民族的家庭,正在等着我呢。

附:《橄榄树》歌词

橄榄树

三 毛

不要问我从哪里来,
我的故乡在远方。

---

[1] 选自《我的宝贝》,北京十月文艺出版社 2011 年版。三毛(1943—1991),原名陈懋平(后改名为陈平),中国现代作家。

为什么流浪,流浪远方,流浪。
为了天空飞翔的小鸟,
为了山间轻流的小溪,
为了宽阔的草原,
流浪远方,流浪。
还有还有,为了梦中的橄榄树橄榄树
不要问我从哪里来,我的故乡在远方,
为什么流浪,为什么流浪远方,
为了我梦中的橄榄树。

/ 思考 /

1. "小鸟""小溪"与"草原"都不是难以见到的奇景,为什么要为了它们"流浪远方"呢?

2. 流浪的路上最想家。把乡思寄托在一首歌里,这样的写法很常见,却又很美好。你有过某种事物触及情感的经历和感受吗?如果要将其写出来,你打算如何写呢?

/ 荐读 /

世界这么大,谁不想去看看?三毛一个人"万水千山走遍",走到这个世界的各个角落,去看不一样的山、不一样的水和不一样的人。你喜欢高山、草原还是大海?你想去看看这个世界上不同的风土人情吗?来读一读《万水千山走遍》吧,跟随三毛的文字,让自己的心灵在风里自由地飘荡。这个世界究竟会是什么颜色,什么味道?尽情地去体会一下吧。

书　　名:万水千山走遍
作　　者:三毛
出版信息:北京十月文艺出版社 2011 年版

湘江遇盗日记①

徐弘祖

/导读/ 用脚步丈量华夏大地的旅行家徐霞客在湘江游历,除了美景,竟还遇上了盗贼。

十一日　五更复闻雨声,天明渐霁。二十五里,南上钩栏滩,衡南首滩也,江深流缩,势不甚汹涌。转而西,又五里为东阳渡②,其北岸为琉璃厂,乃桂府烧造之窑也。又西二十里为车江③,或作汊江。其北数里外即云母山。乃折而东南行,十里为云集潭,有小山在东岸。已复南转,十里为新塘站④。旧有驿,今废。又六里,泊于新塘站上流之对涯。同舟者为衡郡艾行可、石瑶庭,艾为桂府礼生⑤,而石本苏人,居此已三代矣。其时日有余照,而其处止有谷舟二只,遂依之泊。

已而,同上水者又五六舟,亦随泊焉。其涯上本无村落,余念石与前舱所搭徽人俱惯游江湖,而艾又本郡人,其行止余可无参与,乃听其泊。迨暮,月色颇明。余念入春以来尚未见月,及入舟前晚,则潇湘夜雨,此夕则湘浦月明,两夕之间,各擅一胜,为之跃然。已而忽闻岸上涯边有啼号声,若幼童,又若妇女,更余不止。众舟寂然,皆不敢问。余闻之不能寐,枕上方作诗怜之,有"箫管孤舟悲赤壁,琵琶两袖湿青衫"之句,又有"滩惊

---

①选自《徐霞客游记》,朱惠荣译注,中华书局2016年版。徐弘祖(1587—1641),字振之,号霞客。明代地理学家、旅行家和文学家,他经30年考察撰成的60万字地理名著《徐霞客游记》,被称为"千古奇人"。
②〔东阳渡〕今名同,在衡阳市南境,湘江东岸。
③〔车江〕今名同,在衡南县中部,湘江西岸。
④〔新塘站〕即今衡南县南的新塘站。
⑤〔礼生〕祭祀时赞礼司仪的执事。

忽然洞开的窗子

回雁天方一,月叫杜鹃更已三"等句。然亦止虑有诈局,俟怜而纳之,即有尾其后以挟诈者,不虞其为盗也。追二鼓,静闻心不能忍,因小解涉水登岸,呼而诘之,则童子也,年十四五,尚未受全发,诡言出王阉之门,年甫十二,王善酗酒,操大杖,故欲走避。静闻劝其归,且厚抚之,彼竟卧涯侧。比静闻登舟未久,则群盗喊杀入舟,火炬刀剑交丛而下。余时未寐,急从卧板下取匣中游资移之。越艾舱,欲从舟尾赴水,而舟尾贼方挥剑斫尾门,不得出。乃力掀篷隙,莽投之江中,复走卧处,觅衣披之。静闻、顾仆与艾、石主仆,或赤身,或拥被,俱逼聚一处。贼前从中舱,后破后门,前后刀戟乱戳,无不以赤体受之者。余念必为盗执,所持绸①衣不便,乃并弃之。各跪而请命,贼戳不已,遂一涌掀篷入水。

　　入水余最后,足为竹纤所绊,竟同篷倒翻而下,首先及江底,耳鼻灌水一口,急踊而起。幸水浅止及腰,乃逆流行江中,得邻舟间避而至,遂跃入其中。时水浸寒甚,邻客以舟人被盖余,而卧其舟。溯流而上三四里,泊于香炉山,盖已隔江矣。还望所劫舟,火光赫然,群盗齐喊一声为号而去。已而同泊诸舟俱移泊而来,有言南京相公②身被四创者,余闻之暗笑其言之妄。且幸乱刃交戟之下,赤身其间,独一创不及,此实天幸!惟静闻、顾奴不知其处,然亦以为一滚入水,得免虎口,资囊可无计矣。但张侯宗琏所著《南程续记》一帙③,乃其手笔,其家珍藏二百余年,而一入余手,遂罹此厄④,能不抚膺⑤!其时舟人父子亦俱被戳,哀号于邻舟。他舟又有石瑶庭及艾仆与顾仆,俱为盗戳,赤身而来,与余同被卧,始知所谓被四创者,乃余仆也。前舱五徽人俱木客,亦有二人在邻舟,其三人不知何处。而余舱尚不见静闻,后舱则艾行可与其友曾姓者,亦无问处。余时卧稠人中,顾仆呻吟甚,余念行囊虽焚劫无遗,而所投匣资或在江底可觅。但恐

---

①[绸(chóu)]为大丝抽缯,粗茧织成。
②[相公]旧时对读书人的敬称。
③[帙(zhì)]用布帛制成的包书的套子,因称书一套为"一帙"。
④[罹(lí)]遭遇不幸的事。
⑤[抚膺(yīng)]抚胸。表示痛惜、气愤。膺,胸。

天明为见者取去,欲昧爽即行①,而身无寸丝,何以就岸?是晚初月甚明,及盗至,已阴云四布,追晓,雨复霏霏。

/ 思考 /

1. 这篇日记写了徐霞客在湘江游历之时遇到了一伙盗贼的故事。日记中记载的人物众多,性情各不同。谁给你留下的印象最深?说说你的想法。

2. 湘江遇盗,险象环生。但作者在叙述遇盗经历之前,却用较多篇幅写潇湘夜雨等,这有必要吗?与后面遇盗的内容有何关联?

/ 荐读 /

祖国的大好河山总是吸引着络绎不绝的游客们,而说走就走的旅行可不是现在才有的。明代的文人徐霞客就曾是这么一位"读万卷书,行万里路"的人。他在行走山河的时候又有哪些奇遇?他的旅行和我们今天的旅行有哪些不同?翻开《徐霞客游记》,你除了能领略大好河山的风景,还能读到明朝时"江湖"上芸芸众生的模样。

书　　名:徐霞客游记
作　　者:徐弘祖
译　　注:朱惠荣
出版信息:中华书局 2016 年版

---

①[昧爽]拂晓,黎明。

敬致作者

为了编好这套"中学语文课外阅读基本篇目"丛书,南京师范大学出版社与编选组合作,与作品收入本套丛书的作者进行了广泛联系,得到了许多作者的大力支持。在此,我们表示衷心的感谢。但是,由于一些作者地址不详,无法取得联系。敬请各位著作权人尽快与我们联系,以便支付稿酬。谨致谢忱!

联系地址:南京市玄武区后宰门西村9号　南京师范大学出版社
邮　　编:210016
联系电话:025 - 83598919
电子邮箱:nspzbb@163.com

南京师范大学出版社
2019年4月